자신을 모르는 당신에게

어떻게 이해하고, 반응할 것인가?

김혜지 지음

추천의 글

　이번에 정신과 전문의인 김혜지 선생이 '자신을 모르는 당신에게'라는 책을 출간했다. 마음은 정신과 의사뿐 아니라 일반인에게도 중요한 관심의 대상이고 쉽게 파악이 안 되는 복잡한 현상이다. 또한 인간과 다른 생물을 구별하는 척도이기도 하다.
　정신과 의사는 마음은 각자의 독특한 특징을 갖고 있으며 그것이 아무리 어렵고 왜곡된 비합리성을 갖고 있더라도 현실로 존재하기 때문에 존중해야 한다고 생각한다.
　그러나 한편으로는 마음의 개성을 강조하느라 객관적 사실을 소홀히 할 때가 종종 있다.
　저자는 이러한 점을 직시하고 당장은 힘들고 괴롭더라도 정상적으로 돌려놓기 위해서는 사실을 체계적으로 분석하고 받아들여야 한다고 기술한다.
　이 책에서는 저자 자신이 다년간 진료하면서 경험한 풍부한 예를 제시하면서 마음으로 고통받는 사람들이 어떻게 건강을 되찾게 되는지 생생하게 보여준다. 뇌를 생리적 과학적으로 연구한 최신의 업적들도 뇌과학에 낯설은 사람에게도 쉽게 이해할 수 있도록 소개하면서 저자의 경험이 과학적 토대에 바탕을 두고 있음을 알려 준다.
　손에 잘 잡히지 않고 모호하고 혼란스럽기까지 한 불안 공포 등의 각종 감정과 스트레스를 분석해서 알아낼 수 있도록 구체적이고 체계적인 방법론까지 제시해서 관심 있는 사람 누구에게나 도움이 될 수 있게 해 준다.

  사람의 마음은 간단히 파악할 수 있는 것은 아니지만 이 책을 정독하고 활용함으로써 강박장애, 우울증, 불안장애 등으로 고통받는 사람뿐만 아니라 일반인에게도 마음의 어떤 점이 진실인지 알게 해서 더 풍요롭고 행복한 정신건강을 유지할 수 있게 해줄 것이라고 믿어 이 책을 추천합니다.

국제 정신분석학회 및 대한정신분석학회 정회원
전 한국정신분석학회 회장
전 대한정신분석학회 회장
정신과 전문의 홍택유

서론

주관적 생각이 아닌, 개인의 마음이 어떻게 작동하는지 바라보기를 바란다. 주변 환경처럼 개인의 마음에도 '사실'이 있다. 마음에 관한 사실을 받아들이기만 해도 삶이 가벼워질 수 있다고 생각한다.

이 책은 마음의 '사실'이 무엇인지, 어떻게 볼 수 있는지 안내할 것이다. 자신이 자기 이해와 주변 환경과의 관계에 대한 열쇠를 쥐고 있다.

정신과에서 진료를 하면서 있는 그대로의 나 자신만을 볼 수 있다면, 있는 그대로의 타인과 세상, 상황을 볼 수 있다면 더 행복하고, 괜찮게 세상을 살 수 있다.

맹목적인 낙관론이나, 무분별한 비판을 벗어나, 있는 그대로 자신과 세상을 바라보자. 사실을 통해 삶의 밸런스를 찾아보자.

1장에서는 왜 사실을 다루는지를 설명했다. 2장에서는 자신/타인/세상을 시작으로 사실들이 무엇인지 볼 것을, 3장에서는 사실을 파악하는 방법에 대해 안내할 것이다. 4장은 전하고 싶은 메시지를 적었다.

차례

추천사　2
서론　4

사실이란

왜 사실인가?　11
사실로의 초대　13
사실에 대한 오해들　20

다양한 사실

사실: 나	32
사실: 타인	61
사실: 세상	80
사실: 사건	88
증상, 질환, 방어기제의 이해	99
마음과 몸의 연결	116

사실보기

바라보기	131
사실알기	146
현실에서 변화하기	165
일상에서 자기 돕기	187
타인 돕기	225

정리하기	233

사례에 관한 설명

　사례자의 비밀 유지를 위해, 이 책에 공유된 이야기들은 저자가 진료해 온 여러 개인의 이야기를 섞어놓았다. 또한 나이와 이름 직업 등은 사생활과 익명성을 보호하기 위해 모두 변경하였다.

1장

사실이란

마음의 진실을 찾기를 바란다.
마음에서 벌어지는 사실을 찾으면
삶이 가벼워질 수 있다.
모든 열쇠는 자신에게 있다.

왜 사실인가?

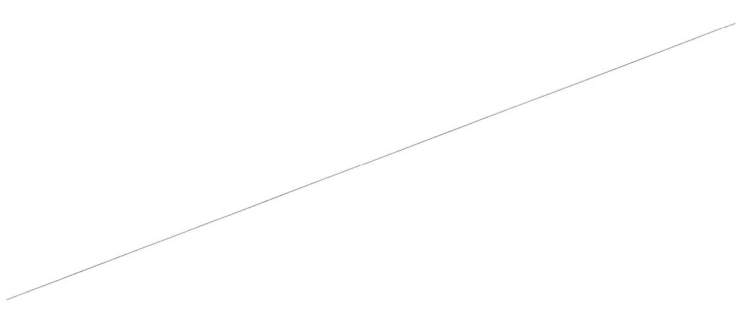

마음의 사실
Psychological Factfulness

《팩트풀니스Factfulness, 한스 로슬링 저》라는 책은 팩트풀니스(Factfulness), 즉 사실충실성이라는 개념을 처음 소개했다. 사실에 근거하여 세계를 바라보고 이해하는 습관을 의미한다. 사람들이 세상과 사실을 파악할 때 오류가 생긴다. 편견이 작용하기 때문이다. 사람은 사실 그대로 세상을 파악하지 않고 이전에 생성된 혹은 본능에 의해 촉발된 편견과 함께 세상을 파악한다.

K 씨에게 여행은 자유를 느끼게 해주는 소중한 삶의 한 부분이다. 그는 휴가에 어디로 갈지 기대하며 지내곤 했다. 여행 중 친구들을 많이 사귀었고, SNS를 통해 여행 중 만난 친구들과 꾸준히 소통했다. 그런데 어느 날 여행 중 만났던 친구가 비행기 사고로 사망했다는 소식을 들었다. 얼마 전까지도 곧 결혼한다며 들떠서 인스타그램에 글을 올리던 친구였기에 충격이 더 컸다. 그 이후 K 씨는 비행기를 탈 때마다 사고가 날까 두려워했다. 결국 여행할 때, 자동차를 이용하기 시작했다. 스스로는 괜찮다고 말하지만, 그의 여행 반경은 줄어들었다.

K 씨가 비행기 사고를 당할 확률이 실제로 달라졌을까? 사고 전후 사고 확률은 동일하다. 실제 사고 확률은 같지만, 마음속에서 느끼는 확률의 크기는 커졌다. 주변에서 시작된 왜곡은 큰 왜곡으로 발전할 수 있으며, 결국 삶의 방식을 바꾸기도 한다. 실제로 무겁고 버겁게 만드는 경우도 많다. 그로 인해 자신을 바로 보지 못하고 오해해 공포증이나 우울증, 공황장애까지 겪게 되기도 한다.

이러한 왜곡을 최소화하고 가능한 있는 그대로를 볼 수 있다면 얼마나 좋을까.

《팩트풀니스》라는 책이 다양한 편견에서 벗어나 사실을 보게 만든 만큼, 마음의 사실(psychological factfulness)을 볼 수 있게 된다면 어떨까? 더 마음 편히 생활할 수 있지 않을까?

사실로의 초대

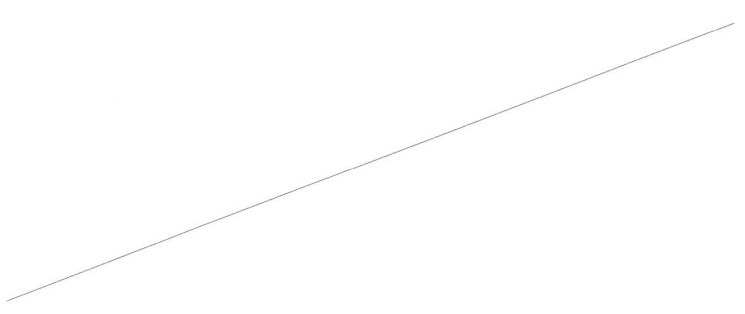

나의 직업은 정신건강의학과 의사다. 환자들은 우울, 불안, 공황, 불면, 알코올 의존, 주의력 문제 등 다양한 이유로 나를 찾아온다. 나는 그들의 마음이 답답하거나, 고통을 수반할 때 짐을 덜어 놓을 수 있도록 돕는다.

다양한 상황, 수없이 많은 아픔과 고통을 봐왔다. 그때마다 '있는 그대로만 볼 수 있다면 덜 아프지 않을까, 더 쉽게 힘을 낼 수 있지 않을까?' 자주 생각한다.

내가 봐도 주저앉아버릴 만큼, 견디기 힘들다고 느껴지는 상황이 많았다. 너무 많은 짐을 짊어지고 애쓰는 사람들을 자주 만났다. 그러나 아무리 힘든 상황이라도 도움을 청할 수 있는 주변 사람들이 있었고, 환자 본인에게는 능력이 충분히 있었다. 없기는커녕 오히려 많았다. '도움을 청해도 괜찮을 텐데, 스스로를 믿어도 될 텐데, 저 짐을 혼자 지지 않아도 될 텐데, 문제를 너무 크게 보지 않고 적당한 크기의 일로 여기면 훨씬 더 잘 견뎌낼 수 있을 텐데….' 안타까움이 늘 있었다.

> A 씨는 사기를 당했다. 상대가 좋은 사람이라고 생각해 믿었고, 계약서를 자세히 살피는 것이 상대를 불신하는 것 같아 제대로 보지 않았다. 그 결과 불리한 조항을 놓쳤고 법적으로 해결할 방법이 없었다. 사기당한 금액을 갚느라 고생했다. 속상한 부모님은 A 씨에게 똑바로 처신하지 못했다고 화를 냈고, 자신들이 잘못 키웠다며 자책했다. 부모님을 볼 때마다 괴로웠다.
> 사건 이후로 A 씨는 누군가 돈과 관련된 이야기를 꺼내기만 해도 의심부터 했다. 간단히 거절하면 될 일을 집에 돌아와서는 자신이 과했나 싶어 자책했다. 과거에 지인에게 사기당했던 일을 떠올릴 때마다 스스로가 바보 같아 자책했고 우울해졌다. 사건 후 2년 동안은 자다가도 당시의 일을 떠올리며 벌떡 깨어났다.

A 씨는 돈에 관한 모든 이야기를 사기와 연결해 받아들인다. 그 때문에 놓친 정보와 기회가 많았을지도 모른다. 사기 사건을 A씨의 부족함으로만 결론지어야 할까?

A 씨는 피해자였고, 피해자로서 억울하고 속상한 마음을 돌보지 않았다. 그 마음을 무시한 채 자책했고, 주변의 핀잔을 들으며 힘들게 빚을 갚았다.

사기가 부정적인 영향만 끼친 것은 아니다. 사기를 당한 후 크게 속상했지만, A 씨는 이후로 계약서 등을 꼼꼼히 살피기 시작했다. 어떤 실수가 있었는지 돌아보고 주의하기 시작했다. 실패를 통한 성장도 중요하다. A 씨가 사기를 당했을 때, 속상하고 억울한 마음을 충분히 이해하고 위로하며, 왜 사기를 당했는지 문제를 파악하여 주의하는 것이야말로 사건을 통해 얻은 지혜일 것이다. 사건의 단면만 보고 부정적인 사실을 크게 보는 경향이 안타까울 뿐이다.

치료자의 입장에서도 환자의 입장에서도, 사실 그대로 보는 일은 중요하다. 나를 무엇이 힘들게 하는지, 내가 어떻게 힘든지, 힘든 마음을 어떻게 돕고 있는지 아니면 방치하고 있는지를 알아야 한다. 무엇을 모르는지 아는 것, 모른다고 하더라도 내가 모른다는 사실을 아는 것과 그 사실을 아예 인지하지 못하는 것은 큰 차이가 있다. A씨는 빚을 갚는 동안 자책하며 자신에게 얼마나 상처 주고 있는지 몰랐을 수도 있다. 어쩌면 스스로가 옳지 않은 자책을 하고 있다는 사실 자체를 깨닫지 못했을지도 모른다. A 씨가 자신이 무엇 때문에 힘든지는 몰랐어도, 사건으로 인해 자신의 감정을 돌볼 필요가 있다는 사실만이라도 알았다면, 지인이든 전문가든 도움을 청할 수 있었을 것이다.

사실을 정의한다는 것

진료실에서 치료자인 나 역시 객관적인 "사실(fact)은 이것입니다"라고 장담할 수는 없다. 사실을 어떻게 정의할 수 있을까?

사람이 가장 많이 의존하는 기관인 시각을 예로 들어보자. 우리가 보는 색깔들은 단지 빛의 파장이 눈에 비친 결과일 뿐이다. 환경과 시각 체계가 달라진다면 당연히 색깔도 달라진다. 깊은 바다에 들어가면 같은 물건이라도 파랗게 보인다. 고양이와 개는 색맹이다. 새들은 자기장을 본다고 한다. 같은 물건이라도 동물종에 따라 다르게 보인다.

우리의 시각세포는 빛의 파장을 통해 색상을 인지한다. 깊은 바다에 들어가면 긴 파장인 붉은색 빛이 닿지 않아 짧은 파장을 가진 색들만 남는다. 같은 물건이라도 빛의 반사가 다르다는 것이 과학적 사실이다. 하지만 우리는 바다는 파란색이라는 경험적 사실을 인지한다. 인지 과정에 따라 사실은 바뀐다. 이처럼 사실을 '이것이 최종 사실이다.'라고 하기에는 어렵다. 그나마 수치화할 수 있는 정보는 비교적 객관적으로 사실이라고 말할 수 있지만, 감정적인 문제일수록 사실 파악은 더욱 어렵다.

첫 질문으로 돌아가 '사실을 안다.'는 것이 가능할까? 내가 살고 있는 순간, 감정을 느끼는 이 순간이 현실(현재 실제로 존재하는 사실이나 상태)이다. 객관적 사실도 중요하지만, '사실을 안다.'라는 것이 있다면, 마음이라는 분야에 있어서는 '내가'라는 주체가 중요하다고 생각한다. 내가 느끼는 지금의 사실이나 상태, 내가 느끼는 감정의 정도와 내가 인지하는 사람들의 태도가 사실이다. 내가 느끼는 것이 곧 내가 아는 사실이다.

코끼리를 더듬는 장님들 이야기를 생각해 보자. 코끼리를 어디에서 만지냐에 따라 장님들은 코끼리가 어떻게 생겼는지 다르게 파악한다. 사실은 관찰자에 따라 다르다. 내가 코끼리의 다리 앞에 있다고 해서 "코끼리는 둥근 원통이다"라고 말하는 것이 맞을까? 정확히는 "코끼리는 이러이러하게 생겼고, 당신이 보는 것은 그 몸의 일부분이다"라는 것이 객관적 사실에 더 가깝다. 하지만 앞서 말했듯 시각조차도 객관적이지 않을 수 있다.

현실 생활에서 발생하는 감정은 어떨까. 우울이라고 치자. P 양은 극도의 우울을 느끼고 있다고 생각했지만, 우울평가검사를 해보니 "약한 우울입니다"라고 평가될 수도 있다. 우울평가검사만이 절대적으로 맞을까? 평가가 맞을 수도, P 양이 맞을 수도 있다. 완벽한 사실에 도달하기는 어렵지만, 노력할 수 있다. 의사로서 나의 최선은 가능한 사실에 근접하도록 돕는 것이다. 가능한 왜곡이 없고 있는 그대로를 바라볼 수 있도록 말이다.

> B는 오늘은 되는 일이 없다. 아침부터 자신을 깨우지 않은 부인과 다투었다. 출근하려는데 엘리베이터가 점검 중이다. 우리 집은 14층인데 걸어 내려가느라 늘 타던 급행 지하철을 놓쳤다. 뛰어서 회사에 도착했지만, 밤늦게까지 만든 오전 회의 자료 파일

을 집에 놓고 온 걸 깨달았다. 부인에게 전화했지만 이미 출근한 뒤였고 다른 방법도 없었다. 결국 회의실에 가득 찬 사람들 앞에서 상사에게 혼나 창피했다. 상사는 내일 출근하자마자 다시 보고하라고 소리쳤다. 동료들이 자신을 한심하게 바라보는 것 같아 쥐구멍에라도 들어가고 싶었다. 한동안 멍해졌다. 잠잠했던 공황 발작이 재발할 것 같다. 회사를 그만둘까 고민을 했다.

B는 부인도, 상사도, 동료도 자신을 돕지 않는다고 느꼈다. 애쓰며 살아가는데 세상은 전혀 알아주지 않고 오히려 순간순간 궁지에 몰리는 기분이었다. 공황 발작에 대한 두려움으로 회사 생활마저 힘들어졌다. 마음 안에서는 과거의 공황 발작 경험과 우울한 하루의 사건이 오버랩 되었다. 내가 먼저 시작한 부인과의 싸움, 내 실수에 화가 난 상사, 동료들의 시선이 하나의 사건처럼 전부 묶였다. 이들을 나를 돕지 않는 공격자로 여기며 불안감은 증폭되었다. 하지만 사실을 그대로 살펴보자. 좋지 않은 일이 연달아 일어났다는 것, 내가 피곤하여 실수를 했고 그 책임으로 비난을 받았다는 것, 그리고 내일 보고하기로 했다는 것, 이것이 전부다.

B가 겪은 것에서 이 사람이 느껴야 할 감정은 사실 그날 겪은 일 자체에서 오는 스트레스 정도면 충분하지 않을까? 아침에 있었던 부인과의 갈등, 내 책임 의식의 부재로 인한 상사의 응당한 반응을 제외하면 동료들의 시선은 정말 사실이었을까? 비난하는 시선은 사실이 아닐 수 있다.

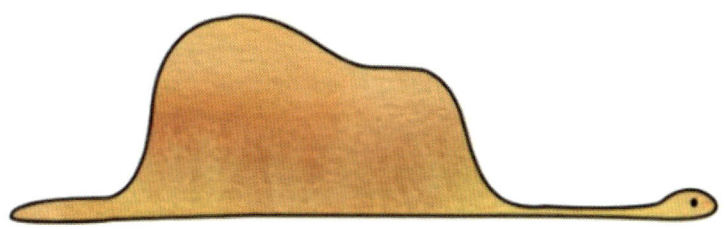

"My drawing was not a picture of a hat.
It was a picture of a boa constrictor digesting an elephant."

우리가 잘 아는 어린 왕자의 보아뱀 그림
처음엔 모자라고 착각하지만, 어린 왕자의 설명을 듣고 뱀인 것을 알게 된다. 과연 사실이란 무엇일까?

사실에 대한 오해들

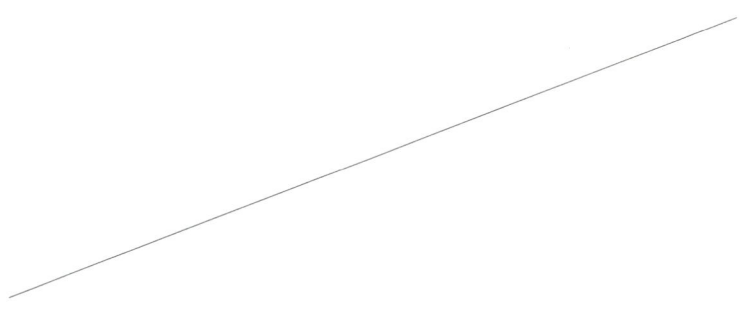

 사람들은 각자 자신만의 가치관과 판단 기준을 갖고 있다. 세상을 바라볼 때도, 타인을 바라볼 때도, 자신을 생각할 때도 자신만의 기준이 있다.
 나는 개인의 관점을 카메라 렌즈에 비유해 설명하곤 한다. 카메라 렌즈가 노란색이라면 찍히는 사진은 어떨까? 굳이 설명하지 않아도 안다. 사진은 노랗게 왜곡될 것이다. 푸른색도 노란색을 더해 녹색을 띨 것이다. 렌즈가 줌렌즈라면 어떨까? 줌을 당기면 멀리 있는 사물은 잘 보이겠지만 가까운 사물은 시야에서 사라진다. A 씨처럼 사기꾼에 대한 걱정이 가득하다면 돈과 관련한 모든 언급을 사기와 연결 지을

것이다. 불안과 우울로 인해 눈앞의 것에만 몰두하면 상대방의 표면적인 표현만 보이고 내면의 진심을 놓치기 쉽다. 불안과 우울이 커지면 줌렌즈처럼 시야가 좁아진다. 시야가 좁아지니 상대방의 진심을 파악할 여유도 없다. 선의를 가지고 쓴소리를 하는 사람이 있다고 하자. 불안과 우울이 가득한 사람이라면, 그 쓴소리 뒤에 있는 상대방의 선의는 보이지 않을 것이다.

1960년 스탠퍼드 대학의 연구진이 3~5세 아동을 대상으로 마시멜로 실험을 했다. 실험에서 아이에게 마시멜로를 하나 주고 15분 동안 먹지 않으면 하나를 더 주겠다고 했다. 즉각적인 보상과 15분 지연된 더 큰 보상 사이에서 아이의 선택을 추적했다. 실험은 아이의 자기통제력과 절제력을 관찰해 미래의 성공과 연결 지은 실험이다.

하지만 실험은 다소 시야가 좁았다. 다양한 배경이나 변수를 확인하지 않았다. 예를 들어 가정에서 폭력을 당한 아이들은 어른의 말을 믿지 않아 마시멜로를 바로 먹었다.

이처럼 시야가 좁아지면 다양한 오해가 생기고 사실에서 멀어지게 된다. 자신에 대한 오해, 타인에 대한 오해, 세상에 대한 오해가 생기고, 사실일 수도 있지만 부풀려져 사실에서 멀어진 것들은 분명 존재한다.

왜곡의 예1. 자신에게 엄격한 사람들

상담을 하다 보면 어떤 환자들은 자주 "너무 낙관적인 것 아닐까요?", "사실이 아닌걸요.", "난 그렇게 괜찮은 사람이 아니에요."라는 반응을 한다. 어떤 환자들은 치료자가 말한 사실에 약간 수긍하더라도 여지를 남겨두며 조심스러워한다. "자만하고 게을러질 것 같아요.", "도태될 거예요.", "방법이 없어요. 상황이 그래요.", "이기적인 것 같아요." 등의 말을 덧붙인다.

- (힘든 사건을 겪는 중) 이만한 일로 우울해지다니 저는 나약한가 봐요.
- (완벽주의적 성향을 보인 사람) 만족을 못 하나 봐요. 욕심이 많아서 그런 것 같아요.
- (타인에게 착취당한 이야기를 하며) 그 사람도 나름 이유가 있을 텐데…. 이렇게 이야기하는 제가 못된 것 같아요. 제가 이기적인 거 아닐까요?
- (좋은 성과가 예상되는 상황에서) 다들 이만큼은 할 텐데 제가 자만하는 것 같아요. 이러다 노력하지 않고 게을러지면 어떡하죠?

자신에게 엄격한 사람일수록 이런 경향이 더 강하다. 그들은 문제 상황에서 스스로 문제점을 찾고 자책하며 자신을 고치려고 한다. 발생한 문제가 자신 때문이라 여겨 자신을 제대로 돌보지 않는다. 주변 사람들을 신경 쓰고 타인을 돌보는 데 능숙한 사람들도 마찬가지다. "내가 못 해서 그래.", "내가 게을러서 그래."라고 자책한다. 조금이라도 자신이 잘했다고 생각할 만한 일이 있어도, 스스로 잘했다고 인정하지 않는다. '난 부족한 사람이라 만족하면 멈추고 낙오될 거야. 남들은 잘하니까 괜찮지만, 나는 만족하면 안 돼.'라며 엄격한 기준을 유지한다. 또는 몹시 힘든 상황에서도 '남들도 다 하는 건데 나만 힘든 척하는 거 아니야?'라며 자책한다. 이런 생각은 의식적으로 떠오르지 않는다. 무의식에 자리 잡은 기준으로 판단하기 때문이다. 자책하면서도 그것이 자책인지 깨닫지 못한다.

왜곡의 예2. 부풀려진 사실

내 실수로 벌어진 일에 대해 부정적으로 느끼고, 상황을 부정적으로 판단하는 것은 맞다. 자책을 하더라도, 그 크기만큼만 해야 한다. 실제 벌어진 일보다 크게 자신을 상처 주지 않았으면 한다.

어린 시절, J 군은 동생을 괴롭혔다. 자신만 부모님의 사랑을 받다가, 여덟 살에 동생이 생기자 부모님으로부터 "형이니까 잘해 주어야 해."라는 말을 자주 들었다. 동생에게 조금이라도 잘못하면, 어린 동생을 잘 돌보지 않는다고 혼났다. 그래서 부모님이 안 계실 때 몰래 동생을 괴롭혔다. 그러다 동생이 유치원생일 때 병을 가지고 있다는 사실을 알게 되었다. 가족 모두가 괴로워했다. 선천적인 동생의 병은 J 군의 잘못이 아니었지만, J 군은 스스로를 탓했다. 성인이 된 지금까지도 J 군은 동생에게 미안해했다. 여행을 갈 때도 혼자 다니는 것에 죄책감을 느꼈다. 구직할 때도 하고 싶은 일보다는 언젠가 동생과 함께 지낼 것을 우선 고려했다. 늘 마음 한구석에 짐을 안고 있다.

어린 시절엔 합리적인 사고를 하기가 어렵다. 나쁜 상황에서 자기 탓을 하기가 쉽다. "세상이 나쁘다."라는 생각은 아이들이 감당하기 힘들다. 그래서 "내가 나빴어."라는 쉽게 생각하고, 큰 사건에 대한 어린 시절의 생각은 잠재의식에 자리 잡는다. 본인이 그런 생각을 하고 있다는 사실조차 모르는 상태가 되고, 성인이 되고 난 후에도 영향을

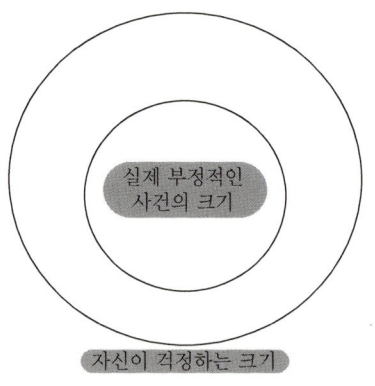

준다.

J 군이 동생을 괴롭힌 것은 사실이다. 그러나 동생의 병은 J 군의 괴롭힘과는 무관하다. 동생을 괴롭힌 것에 대한 만큼의 미안함은 크기가 어느 정도여야 할까? 만약 동생이 병에 걸리지 않았다면 미안함의 크기는 얼마였을까? 사기당한 A 씨의 자책도 어느 정도가 적절할까? 무엇보다 A 씨는 피해자였다. 이 마음을 다독이는 대신, 사기꾼이 가져야 할 죄책감을 자신이 떠안았다. A 씨가 실수한 것은 사기를 당한 것이 아니라 자책이다. A 씨는 책임지고 빚을 갚았다. 이것만으로도 충분히 노력하고 해결한 것 아닐까?

좋은 것들의 존재 발견

좋은 사실도 그대로 보자. '사실을 안다.'라는 명제에서, 힘든 사실만을 있는 그대로 봐 고통의 크기를 줄이는 것만이 아니라, 좋은 사실도 있는 그대로 보는 것이다.

'자신에게 엄격한 렌즈'는 스스로를 부정적으로 판단하게 할 뿐만 아니라, 잘한 점이나 좋은 부분도 잘 보이지 않게 만든다. 이런 사람은 스스로 잘한 일조차 완벽하지 않다고 여기며, '더 잘해야 했다.'고 생각한다. 자신을 칭찬하는 데 인색하고, 잘했다는 말을 교만하다고 생각한다. 주변에서 보내는 따뜻한 반응조차 나 때문이 아니라 주변 사람들이 좋은 사람들이기 때문이라고 생각한다. 또, '내 본모습을 알게 되면 사람들의 좋은 반응은 사라질 것이다.'라고 여긴다. 이러한 생각들이 정말 사실일까?

무조건 긍정적으로 보자는 것이 아니다. '해낸 것'은 사실이고, '더 잘했어야 했다'는 것은 판단이다. 해낸 것 그 자체까지만 생각해도 괜찮다. 사실에 기반한 평가 문제는 별개의 문제다. 정말 교만한 사람이라면 교만이라는 문제를 해결하면 되지, 평가 자체를 야박하게 할 필요는 없다. 사실을 있는 그대로, 성취와 잘못을 객관적으로 보기 바란다. 주변 사람들에 관해서도 마찬가지다. 내가 누구를 때리고 상처입힌 것도 아닌데, 내 본모습을 알게 된다고 떠날 사람이라면 정말 좋은 사람이라고 할 수 있을까? 그들이 나에게 실망해야 하는 순간이 아니라 내가 그들에게 실망해야 하는 것 아닐까?

어느 날 인가 택시를 탔다. 기사 아저씨는 급하게 운전하시느라 정신이 없다. 끼어드는 차들. 차선 변경에 내주지 않는 차들에 일일이 대응하고. 답답해하고…. 하늘을 볼 여유는 없어 보였다. 하늘 이쁘지 않으냐 얘기하니, 아 그런가요? 하고 다시 앞의 차들만 바라보신다. 하루하루 정신없이 사느라고, 주위의 이쁜 것들, 좋은 것들, 고마운 것들. 섬세한 아름다운 것들을 놓치고 살았다. 천천히 음미하며 볼 여유가 없었다. 사실 있는 그대로 상황을 본다면, 과거가 더 편한 상황이었다. 과거엔 감정에 치이느라 있는 그대로의 현실을 누리지 못했다. 일은 오히려 지금이 더 많지만, 대신 감정적인 부하가 적어졌다. (삶에 대한 마음이 바뀌었기 때문이다)감정적인 부하가 적어지니, 많은 것들이 가벼워진다.
많은 사람이, 있는 상황 그대로를 바라볼 수 있다면, 현실이 좀 무겁더라도 마음을 도울 수 있다면. 그래서 여유를 가지고 살아갈 수 있다면 좋겠다.

우) 지인의 사진

2장

다양한 사실

'나'는 삶을 살아간다. 삶은 한 권의 책이자 한 편의 영화다. 삶이라는 무대에는 다양한 사람이 등장한다. 이 세상의 이해하는 중심에 '나'가 있다. 나는 1970년대 마지막 한국에서 태어나 자라면서 몇 번의 이사를 했다. 이사를 할 때마다 내가 사는 곳, 속한 사회에 따라 배경과 등장인물은 바뀐다. 나는 그대로인데 주변이 바뀌어 간다. 나와 비슷한 시기에 태어나 한국에서 살아가는 수많은 사람의 마음과 기분이 모두 같을까? 한국과 한국 사람에 대해 느끼는 것이 모두 같을까? 더 좁혀 생각해 보면, 나의 동료들과 친구들은 모두 나와 같은 기분이고 같은 것을 느낄까? 서로에 대한 생각이 똑같을까?

서로 다르다는 것이 현실이다. 기분이 비슷하다고 해도 세상에 대한 인식은 다를 수 있고, 같은 상황에서도 생각과 느낌이 조금씩 다르다. 심지어 한집에서 태어나고 자란 형제들도 서로 다르다. 왜 같은 상황을 서로 다르게 인식할까?

같은 사실을 서로 다르게 느낀다. 서로 다른 사람이기 때문이다. '다른 사람'이라는 것은 정확히 어떤 차이를 만드는 걸까? 각자의 경험이 관점의 차이를 만든다. 하지만 거기엔 왜곡이 섞여 있지 않을까? 만약 왜곡이 있다면, 어떤 왜곡인지 깨닫는 것이 중요하다. 세상, 상황, 주변 사람들에 대해, 그리고 나 자신에 대해 가능한 사실에 가까운 관점을 가져야 한다.

에곤 실레가 그린 자화상 중 하나이다. 그가 느끼는 자기 모습이다. 자화상을 다시 보라. 어떤가? 그의 화풍을 감안한다고 하더라도, 이 사람은 자신을 어떻게 보고 있다고 생각하는가?

에곤 실레,
Self-Portrait with Striped Armlets
1915

사실: 나

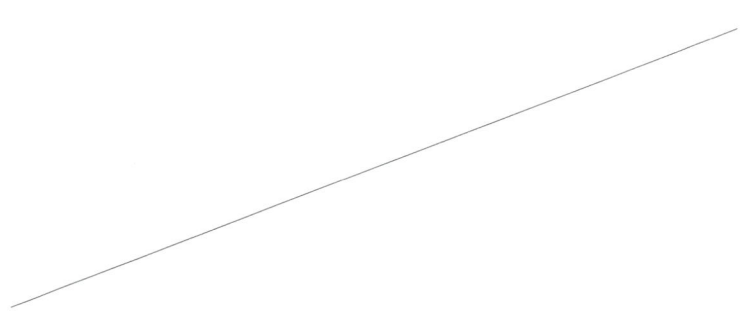

나라는 사람 정의하기

타인에게 나를 소개해 보자. 뭐라고 하겠는가?

"내 직업은 세무설계사이다. 나는 외향적인 사람이고 덤벙대는 편이다. 사람들과 모여 노는 것을 좋아한다. 취미는 헬스이며 활동적인 편이다. 다른 사람 이야기를 잘 들어주지만, 정작 내 속마음은 잘 표현하지 못한다. 자존심이 세고 고집도 있다."

대강 이러할 것이다. 어떻게 정의하면 좋을까? 나는 나를 얼마나 알고 있을까?

스스로를 알고 싶어 하는 사람들이 많다. 이미 잘 안다고 여겨도 확인하고 싶은 마음에 수많은 심리 테스트가 존재한다. MBTI 열풍만 해도 그렇다. 나를 알려고, 나를 소개하려고, 타인을 이해하고 차이와 공통점을 알아가려고 노력한다. 심지어 대화의 시작을 MBTI로 하기도 한다. 반면에 스스로에 대해 생각해 본 적이 없는 사람들, 혹은 자신을 잘 아는 사람은 자기밖에 없다고 확신하는 사람도 많다. 그런데 정말 우리는 스스로를 잘 알고 있을까?

시대를 뛰어넘어 현자라고 불리는 사람들, 예를 들어 달라이 라마, 노자, 공자 등에게 묻는다면 스스로를 완벽히 알고 있다고 확언할까? 간단히 생각해 보아도 자신을 완벽히 안다고 말하지는 않을 것 같다. 위대한 현인도 자신을 알기 위해 노렸다. 완벽히 자신을 알 수 없음에도 불구하고 지속적인 노력이 필요하다. 그리고 자신에 대해 알 수 있는 많은 정보는 이미 내 안에 있다. 그 정보를 얼마나 바르게 볼 수 있는지가 우리의 숙제다.

자신을 면밀히 탐구해야 하지만, 아래 체크리스트를 보며 내가 나를 얼마나 잘 아는지 확인해 보자.

기본적인 자기 체크 항목

- ☐ 내 성격은 어떤가? 외향적인가, 내향적인가?
- ☐ 나의 장점은 무엇이고 단점은 무엇인가?
- ☐ 나는 무엇을 잘하고 무엇을 좋아하는가? 무엇을 못하고 무엇을

싫어하는가?
- ☐ 내 체력은 어떤가? 체력이 부족할 때 내 모습은 어떤가?
- ☐ 내 건강 상태는 어떤가? 힘들 때 특히 예민해지는 부분이 있는가?
- ☐ 나는 감각이 예민한 편인가?
- ☐ 나의 자존감은 어떤가?
- ☐ 나는 나 자신을 얼마나 좋아하는가? 스스로에게 만족하는가?
- ☐ 평소 내 기분은 어떤가? 내 기분 상태를 잘 알아채는 편인가?
- ☐ 힘든 일이 있을 때 어떻게 대응하는가? 그때 내 기분은 어떤가?
- ☐ 다른 사람과 함께 있을 때 내 모습은 어떤가? 주로 어떻게 행동하는 편인가?
- ☐ 타인과 있을 때 에너지 소모가 많은 편인가? 많다면 왜 그럴까?
- ☐ 나는 타인에게 상처를 쉽게 받는가? 혹시 타인에게 쉽게 상처를 주지는 않는가?
- ☐ 다른 사람들은 나를 어떤 사람이라고 평가하는가? (이 질문은 타인의 시선과 내가 인지하는 나 사이의 차이를 알아볼 수 있는 힌트가 된다.)

이 질문들에 답을 하다 보면 평소 생각하지 않았던 부분이 눈에 들어올 것이다. 여전히 나에 대해 알지 못하는 부분이 많다. 이 질문들을 통해 조금씩 나를 더 알아가면 된다.

사람의 형성 과정

사람은 모두 단일한 세포에서 시작한다. 세포가 분화해 배아로, 태아로 성장하고 마침내 아기의 모습을 갖추게 된다. 아기는 태어난 뒤 부모와 세상을 만난다. 아기에게는 부모가 세상의 전부다. 그러나 부모는 각각의 개별적인 사람이고, 그에 따라 아기가 처한 환경도 달라진다. 아기가 필요로 하는 것을 풍족히 제공해 주는 부모(세상)를 만나기도 하고, 안타깝게도 불행한 환경을 만나기도 한다. 한 살 한 살 자라며 아기는 부모 외의 다른 사람들, 진짜 세상을 점점 접하게 된다.

어떤 아이는 다양한 자극과 적절한 수준의 어려움을 주는 환경(예: 좋은 부모)에서 성장하고, 또 어떤 아이는 감당하기 어려운 좌절감으로 가득한 환경(예: 나쁜 부모)에서 자란다. 어떤 아이는 오직 보호만 받는 부모와 환경 속에서 성장하기도 한다.

일반적으로 아이는 나이에 맞는 어려움을 겪으며 성장한다. 주어진 어려움을 극복하며 앞으로 나아간다. 아이든, 어린이든, 청소년이든 누구든 간에, 가족 또는 세상에서 감당하기 힘든 어려움과 맞닥뜨리면 저마다의 노력을 기울인다. 어떤 사람은 좌절하고, 어떤 사람은 감정을 표출하거나 또 어떤 사람은 자신만의 방법을 찾아보려 노력한다. 이렇게 다양한 경험과 노력이 쌓여 각자의 관점이 형성된다. 개인의 성격, 대인관계 방식, 어려움에 대처하는 방법 등은 모두 나름의 이유와 경험이 쌓여 만들어진다.

특히 부모의 존재는 아이에게 큰 영향을 미친다. 아기에게 부모는 세상의 전부이며, 성장하면서 세상을 점차 알아가더라도 부모는 여전히 보호자이자, 정서적·현실적으로 강력한 권위자이다. 부모는 아이에게 행복한 세상을 줄 수도, 불행한 세상을 줄 수도 있다. 부모는 세상을 인식하는 바탕이 되며, 타인과 관계 맺는 방식의 기초를 제공한다.

A 양의 집안은 화목하다. 부모님은 사이가 좋았고, A 양에게 늘 따뜻하게 대했다. 첫 단어를 말했을 때, 처음 일어섰을 때, 처음 자전거를 탔을 때 등 모든 새로운 시작을 칭찬해 주었다. 실수할 때도 다독이며 괜찮다고 해주었다. 부모님은 A 양이 잘못을 하면 혼내기도 했지만, 함께 고민해 주고 어떻게 해야 할지 알려주었다. 잘못을 고쳐나가면 칭찬해 주고 기뻐했다. 부모님은 서로 대화가 많았고, 상대를 배려하려 노력했다. 덕분에 A 양은 자연스럽게 상대를 배려하는 법을 배웠고, 밝고 사교성이 좋으며 잘 웃는 아이로 자랐다.

B 양은 달랐다. 아버지는 도박 중독으로 인해 늘 부모님이 싸웠고, 어머니는 빚 문제로 스트레스가 심해 우울했다. 부모님은 B 양에게 마음을 쓸 여유가 없었다. B 양은 혼자 지내는 시간이 대부분이었고, 스스로 해야 할 일도 많았다. 조금만 잘못해도 부모님께 혼이 났다. 아버지는 늘 술에 취해 있거나 기분이 나빴고, 작은 빌미라도 잡히면 화풀이의 대상이 되었다. 어머니 역시 화를

내긴 했지만, 아버지만큼은 아니었다. B 양은 아버지에게 당하는 어머니가 안쓰러웠기에 걱정을 끼치고 싶지 않았다. 그래서 조용히, 눈에 띄지 않게 지내려 노력했다. 또래보다 어른스러웠고, 준비물이나 숙제도 스스로 챙겼다.

A 양과 B 양은 중학교 1학년이다. 어느 날 선생님이 발표 주제를 주며, 잘하면 경시대회에 나갈 수 있다고 말했다. B 양은 자신이 좋아하는 과목이고 잘할 자신 있었다. A 양은 그 과목이 부족하다는 것을 알았다. 누가 먼저 손을 들었을까? A 양이었다. A 양은 자신이 부족해도 배우면 된다고 생각했다. 잘 못했어도 다음에 잘하면 됐다. 반면, B 양은 잘하는 과목임에도 실수하면 안 된다고 생각했다. 실수할 때마다 혼났기 때문이다.

A 양은 계속 기회를 만들었고, 실수에서도 배워나갔다. 그러다 기회를 잡는 경우도 많아졌고, 스스로 만족감을 느꼈다. 반면 B 양은 정말 자신 있는 상황일 때만 기회를 잡았고, 그마저도 조심스러웠다. 실수하지 않기 위해 자신을 다그치며 노력했고, 강박적으로 반복 확인을 하기도 했다. 다른 사람의 실수에는 별생각이 없었지만, 본인은 실수하면 안 되고 타인에게 피해를 주면 안 된다고 믿었다. 늘 지쳐 있었고, 자신의 실수를 반복적으로 곱씹으며 자신감을 잃고 우울감을 자주 느꼈다.

A 양과 B 양의 사례처럼 태어난 기질과 자란 환경, 경험들, 선택한

방법과 그것이 자신에게 얼마나 도움이 되었는지 등이 합쳐져 개인의 성격이 되고 삶의 태도와 방식을 형성한다. 결국 '자신'이란 오랜 시간 동안 만들어진 존재이며, 수많은 경험과 축적의 결과물이다.

개인을 이루는 것

클로닝거(Cloninger)의 기질과 성격

성격을 분류하기 위한 모델 중 하나다. 내 자신의 특성을 확인해 보자.

기질(Temperament)

- 새로움 추구(Novelty seeking): 새로운 것을 얼마나 추구하는가? 즐거움과 쾌락은 도파민이라는 신경전달물질, 도파민의 보상 기전과 관련이 있다.
- 위험 회피(Harm avoidance): 해롭거나 위험한 반응을 얼마나 피하는가? 불안은 세로토닌이라는 신경전달물질과 관련이 있다.
- 보상 의존(Reward dependence): 사회적 인정과 반응이 얼마나 중요한가? 노르아드레날린성 뉴런, 세로토닌, 옥시토신과 관련이 있다.
- 끈기(Persistence): 좌절하거나 피로를 느끼는 상황, 긍정적 보상이 적은 상황에서도 얼마나 꾸준히 행동을 유지하는가?

성격(Character):
- 자기 지향성(Self-directedness): 개인이 얼마나 책임감 있고 신뢰할 만한가? 목표 지향적이고 자신감이 있는가?
- 협조성(Cooperativeness): 공동체 의식과 양심을 가지고 사회의 일원으로서 자신을 어떻게 느끼고 행동하는가?
- 자기 초월성(Self-transcendence): 전체적인 우주 속에서 자신의 존재를 얼마나 인지하고 중요하게 여기는가?

예를 들어, 사이코패스나 소시오패스는 자기 자신이 모든 것의 중심이자 판단의 기준이다. 타인의 감정은 중요하지 않다. 도덕성이나 양심, 협조성, 공동체 의식과 같은 '협조성'이 현저히 부족하다.

MBTI

MBTI는 칼 융(Carl Jung)의 심리학 이론을 기반으로 만들어진 검사로, 사람의 성격을 네 가지 요소로 나누어 설명한다. 개인적으로 진단에 사용하지는 않지만, 환자-내담자를 파악하는데 많은 힌트를 주기 때문에, 아이스 브레이크용으로 유형을 묻기도 한다.

사실 MBTI는 진단을 목적으로 만들어진 검사가 아니다. 예를 들어 내향적인가 외향적인가 하는 특성은 단순히 사람을 설명하는 기준이다. '아프다' 혹은 '아프지 않다' 같은 기준이 아니라, 단지 어떤 사람인지 그 특성을 설명해 줄 뿐이다. 이 책 역시 '내가 어떤 사람인가?'를 알도록 돕는 책에 가깝기에, MBTI는 자신을 이해하는 데 꽤 유용한 도구가 된다.

MBTI의 요소는 다음과 같다. 각각 영어의 첫 대문자를 따 성격을 조합 및 분류한다.

외향성(Extraversion) / 내향성(Introversion)
: 나는 에너지를 어떻게 쓰고 얻는가?
감각형(Sensing) / 직관형(Intuition)
: 나는 정보를 어떻게 인식하는가?
사고형(Thinking) / 감정형(Feeling)
: 나는 의사 결정을 어떤 방식으로 내리는가?
판단형(Judging) / 인식형(Perceiving)
: 나는 어떤 생활 방식을 선택하는가?

현재 나의 상태를 보여주는 것이므로, 시간이 흐르면서 바뀔 수 있다는 점을 기억하자. MBTI에서 어떤 성격 유형이 가장 좋다거나, 더 나은 성격이 있다는 정답은 없다. 각자가 서로 다를 뿐이다. 예를 들어 내향적이라면 사람과의 관계에서 에너지 소모가 크다. 이런 사실을 미리 안다면 스스로 혼자 있는 시간을 확보해 에너지를 분배 가능하다. 반대로 자신이 외향적이라면 다른 사람과 어울릴 때 힘이 나는 사람일 것이다. 그런 사람이 하루 종일 혼자 사무실에 앉아 컴퓨터만 바라보는 일을 하게 된다면 매우 힘들 것이다. 간략하게 자신의 성격을 분류하고 이에 따라 자신의 강점과 약점을 파악하면 삶에 도움이 된다.

자존감(self-confidence)

자신감과는 다른 단어다. 자존감은 자신을 존중하는 감정으로, 스스로를 얼마나 가치 있게 여기는지 의미한다. 반면 자신감은 자기 자신과 자신의 능력을 믿는 감정이다. 이 두 가지가 모두 높거나 모두 낮을 수도 있지만, 하나는 높고 다른 하나는 낮을 수도 있다.

자존감은 어린 시절부터 쌓인 경험을 통해 형성되며 쉽게 바뀌지 않는다. 자신에 대한 존중의 경험을 통해 성장하지만, 환경과 경험에 따라 잘 형성되지 못하는 경우가 생기기도 한다.

아무리 잘했어도 늘 혼나고, 소중히 여겨진 경험이 부족하거나 존중받지 못한 사람이 있다면 자존감이 낮을 수밖에 없다. 정확히 말하자면 자존감이 낮은 것이 아니라 충분히 자라지 못한 상태다. 자신을 존중하는 법을 배우지 못했고, 존중받는 감각을 제대로 느끼지 못한다.

이런 경우 타인에 대한 감각과 존중만 지나치게 커지기도 한다. 자신을 보지 않고 타인과 세상을 바라보는 데 익숙해졌기 때문이다. 자기 자신을 배우지 못한 채 성장하면서 타인에 대해 많이 고민하고 이해하는 방식으로 자라게 된다.

또한 어떤 사람들은 자신의 존재 자체가 아니라 특정 행동이나 결과

물, 즉 좋은 성적, 성취, 외모 등 특정 부분에서만 인정받고 자라기도 한다. 또는 특정 행동만을 요구받고 자란다. 이 경우 그 사람은 전체적인 자아가 성장하지 못한 채, 인정받은 부분만 커진다. 위니콧(Winnicott)이 말한 거짓 거대자기(false grandiose self)와 비슷한 현상이다.

위니콧은 '자기'를 참자기와 거짓자기로 구분했다. 주변 사람들이 자신의 모습 그대로를 받아주지 않고 다른 모습을 요구할 때, 사람은 본모습이 아닌 거짓된 모습을 만들어낸다. 즉, 가면을 쓰게 된다. 이것이 반복되면 가면을 참된 자기로 오해하게 되는데, 이를 거짓자기라고 한다. 거짓자기가 참자기보다 커지고 거대해진 상태를 거짓 거대자기라 부른다.

거짓 거대자기만 중요해지면, 인정받기 위해 설정한 기준에 따라 살아가려고 노력한다. 그러나 전체적인 자기(self)는 작고 위축된 상태이기에 두 가지 자기감 사이에 괴리가 발생할 수밖에 없다. 마음 한편에서 불편함이 느껴지고, 내면의 갈등도 커진다.

자신을 실제보다 큰 이미지에 맞추려고 애쓰는 사람은 정말 큰 노력을 기울인다. 그 이미지를 유지하려면 삶의 가치관과 일, 살아가는 방식과 대인관계 방식까지 모두 신경 써서 맞추어야 한다. 있어 보이는 옷차림, 있어 보이는 자동차, 있어 보이는 집, 남들이 선망하는 직장, 이름을 대면 누구나 알 만한 학교, 트렌드에 대한 높은 이해, 좋은 지인들과의 관계, SNS 친구의 숫자 등으로 자신을 평가한다.

이러한 성향은 다음 세대로 전달되기도 한다. 아이에게 전해지거나 확장되기도 한다. 자녀의 성적이 어떠한지, 어떤 학교에 다니는지, 어떤 직장에 들어갔는지로 아이를 평가하게 되는 것이다. 거대자기의 바탕은 타인의 인정이기에 타인을 통해서만 자신의 존재를 확인한다. 무인도에서 혼자 산다면 인정받기 위한 이미지에 집착할 이유가 없다. 그러나 사회에서는 이미지가 있어야 자신을 유지하고 안정감을 얻는다. 그 이미지를 유지하지 못할 때 불안해하고, 아슬하게 유지된 균형이 깨져버린다.

큰 이미지로 유지되는 아슬한 균형 뒤에는 안정된 행복이 없다. 순간의 기쁨과 만족은 있을지 모르지만, 이는 타인과의 비교에서 오는 일시적인 감정이다. 유지하기 위해 들어가는 엄청난 노력에 비하면 너무 작고 순간적인 트로피일 뿐이다. 직장이나 금전 문제 등이 조금이라도 삐끗하면 이 균형은 쉽게 무너지고 만다.

모든 사람은 장단점이 있다. 잘하는 것과 못하는 것, 멋져 보이는 부분과 부족하다고 느껴지는 부분이 섞인 하나의 통합체다. 장점만 있는 사람도 없고, 단점만 있는 사람도 단연코 없다. 이는 불가능한 일이다.

삶을 힘들지 않게, 멋지게 만들어가는 과정에는 있는 그대로의 나를 인정하고 받아들이는 과정도 필요하다. 능력을 인정받았을 때 느끼는 고양감은 개인의 성장에 도움을 준다. 하지만 멋지고 잘하는 모습만 추구해서는 안 된다. 나의 약함과 부족함을 알고 인정하는 것도 중요하다. 약한 부분 역시 나 자신에 대한 '사실'이기 때문이다.

감정

감정은 기억에 중요성을 부여한다. 잘 기억나는 과거를 회상해 보면 대부분 강렬한 감정을 느꼈던 순간일 때가 많다. 너무 기뻤거나, 화가 났거나, 기분이 몹시 나빴거나 했던 순간이다.

정보나 일상의 일들, 학습과 관련된 것들은 단기기억으로 해마에 등록된다. 이후 이 기억들은 대뇌피질에 장기기억으로 저장되는데, 이때 감정이 기억에 중요성을 부여하는 역할(emotional tagging)을 한다.

이렇게 감정과 연결된 기억들이 어린 시절부터 축적되고 누적되면서 그 사람의 자기감(self-feeling) 형성의 바탕이 된다. 성격과 가치관, 삶의 태도에도 큰 영향을 미친다. 감정을 다양하게 표현할수록 내가 무엇을 느끼는지 더 명확히 보고, 더 잘 경험할 수 있다. 예를 들어 노란색의 종류는 얼마나 많을까? 병아리 노랑, 개나리 노랑, 햇빛의 밝은 노랑, 달빛의 하얀색에 가까운 노랑, 주황에 가까운 노랑 등 다양하다. 무심히 보는 사람도 있지만, 그래픽이나 그림을 전공한 사람은 훨씬 더 많은 노란색을 구분하고 느낄 것이다. 감정도 마찬가지다. 슬픔만 해도 비통, 애잔, 애수, 참담 등 다양하고 세분화된 감정이 존재한다.

감정에는 어떤 것들이 있고, 어떻게 표현될까? 아래에 감정의 종류별 단어들이 열거되어 있다. 전체적으로 한 번 읽어 보고, 최근 나의 기분을 가장 잘 표현하는 단어를 골라 보자.

- 기쁨/통쾌: 기쁘다, 상쾌하다, 신나다, 열망하다, 재미있다, 즐

절규로 유명한 뭉크. 그는 가난한 집안에서 태어났다. 어머니와 누나 모두 결핵으로 사망했고, 여동생은 어린 나이에 정신병 진단을 받았다. 뭉크 역시 건강이 나빴고, 우울과 공황장애가 있었을 것으로 추측된다. 그래서 그의 초기 작품은 어둡고, 절규 같은 작품들이 나왔다. 40세가 지나며 절규 등의 작품이 명성을 얻었고, 금전적인 어려움에서 벗어난다. 수요가 많아진 1908년경부터 뭉크의 화풍이 변한다. 신경증과 우울, 불안에서 벗어난 것 같다. 색채가 밝아졌고, 비관적인 주제가 줄어들었다. 한 화가의 마음 상태에 따른 화풍의 변화. 재밌지 않은가? 우리도 기분에 따라 세상에 대한 느낌이 변한다.

에드바르드 뭉크, 절규, 1893

겁다, 통쾌하다, 홀가분하다, 후련하다, 흥분되다.

- 사랑/안도: 사랑스럽다, 좋아하다, 감사하다, 따뜻하다, 다행스럽다, 담담하다, 반갑다, 설레다, 안심하다, 편안하다.

- 감동/행복/긍지: 감동하다, 감탄하다, 자신만만하다, 뿌듯하다, 만족하다, 든든하다, 자랑스럽다, 흐뭇하다, 행복하다, 여유롭다, 기대하다.

- 애틋함/연민: 그립다, 애틋하다, 찡하다, 걱정되다, 불쌍하다, 아쉽다, 안타깝다, 애처롭다, 미안하다.

- 수치/당황: 당황하다, 쑥스럽다, 민망하다, 부끄럽다, 창피하다, 황당하다.

- 질투/분노/혐오/원망: 괘씸하다, 화나다, 억울하다, 실망하다, 얄밉다, 부럽다, 시기하다, 약 오르다, 불쾌하다, 못마땅하다, 짜증나다, 원망하다, 증오하다.

- 불안/놀람/두려움: 불안하다, 망설이다, 긴장하다, 두렵다, 무섭다, 놀라다, 충격적이다.

- 슬픔/고독/후회: 우울하다, 슬프다, 속상하다, 서운하다, 서럽다, 외롭다, 허전하다, 허무하다, 지겹다, 후회하다.

- 좌절/불편: 불편하다, 귀찮다, 어색하다, 난처하다, 부담스럽다, 심란하다, 답답하다, 지치다, 괴롭다, 막막하다, 비참하다, 절박하다, 체념하다, 기죽다.

《감정카드: 윤소영, ㈜하자교육연구소, ㈜한국실버교육협회》

이 단어들을 얼마나 잘 알고 있는가? 단어들 사이의 차이가 명확히 구분하는가? 얼마나 자주 사용하고 있는가? 친숙하지 않다면 나만의 언어로 구체화하고 표현해 보자. 표현이 풍부하다는 것은 그만큼 내가 다양한 감정을 느낀다는 뜻이다. 늘 감정을 느끼지만, 언어로 표현하는 일은 자신의 감정을 명확히 인지하고 표현하게 된다는 의미다.

간혹 자신의 감정보다 타인의 감정을 빠르게 알아채는 사람들이 있다. 타인을 돕는 특성이 강한 사람이라도 성장 환경에 따라 달라질 수 있다. 어린 시절에 혼나거나 방임되는 등 힘든 환경에 놓였다면, 자기 자신보다 부모나 상황을 더 예민하게 파악하게 되었을 것이다. 그러다 보면 타인의 감정과 컨디션, 상대가 원하는 바를 빨리 알아차리는 능력이 발달한다. 험악한 분위기나 혼나는 상황을 피하려고 상대를 편하게 해주는 능력도 생긴다. 이런 경험이 축적되면 타인을 돕는 일에는 익숙해지지만, 정작 자신을 알고 돌보는 일은 소홀해지기 쉽다. 자신의 가치를 존중받는 경험이 익숙지 않고, 주는 것에만 익숙해진 사람은 오히려 감사나 존중을 받으면 불편해한다. 그러다 보니 주변에 이기적인 사람들이 남기 쉽다.

반대로, 서로 배려하는 것이 당연하고 따뜻한 환경에서 자란 사람도 타인을 돕는 능력이 발달한다. 이 경우 자신과 다른 이기적인 사람들의 존재를 잘 상상하지 못한다. 마치 남태평양의 섬에서 자라 모스크바의 겨울을 전혀 모르는 것과 비슷한 것이다.

감정과 함께 파악하면 좋은 것은 그 감정을 견딜 수 있는 능력을 인지하는 것이다. 감정을 견디는 정도는 개인마다 다르다. 이 능력을 흔히 말하는 '캐파(CAPA, capacity·능력·역량)'라고 생각하면 좋겠다. 사람마다 감정을 감당하는 크기가 다르고, 성장하며 변하기도 한다.

캐파가 크면 좋겠다고 생각할 수 있다. 물론 좋긴 하지만, 스스로 그릇이 크다는 것을 모르고 있으면 놓치는 부분이 생긴다. 그릇이 크다는 건 힘들지 않다는 뜻이 아니다. 감정이 넘치지 않는 수준까지는 스스로 조절할 수 있지만, 넘치도록 쌓이면 누구나 힘들기는 마찬가지다. 그릇이 크면 더 많이 담을 수 있다는 장점도 있지만, 그 그릇이 다 차면, 더 힘들 수도 있다. 자신이 큰 그릇이라는 것을 인지하고 있다면 넘치기 전에 미리 자신을 도울 수 있다.

내가 가진 감정을 견디는 능력을 알고 있다면, 스스로를 배려할 수 있는 여지가 생긴다. 작으면 작은 대로, 크면 큰 대로 자신을 돕고 돌봐주면 된다. 그릇이 작다고 나쁜 것이 아니고 크다고 좋은 것만은 아니다. 어느 쪽이든 모두 장점이 있다. 어느 쪽이든 소중한 나 자신이다. 괜찮다.

감각

오감(외부수용감각)

사람의 감각은 흔히 시각, 청각, 후각, 미각, 촉각의 다섯 가지로 설명한다. '나'라는 자기감이 형성되는 경험과 세상을 이해하는 주체는 뇌다. 뇌는 어떻게 경험하고, 어떻게 세상에 대한 정보를 얻을까? 개인의 경험과 세상에 관한 정보는 감각을 통해 전달된다. 즉, 우리는 감각으로 세상을 경험한다. 감각에서 오는 쾌·불쾌의 경험 역시 삶에서 중요한 요소다. 나의 삶을 이루는 경험의 요소이며, 하루하루 경험의 일부가 된다.

감각이 발달한 사람들이 있다. 흔히 예술 분야의 사람들을 떠올리지만, 예술인이 아니어도 소리에 민감하다거나, 비위가 약하고, 까탈스럽고, 예민한 사람들이 있다. 일부러 민감한 척하는 사람들도 있겠지만, 실제로 감각이 예민한 사람은 불쾌감을 느끼고 괴로워한다. 주변 사람들에게 핀잔을 듣거나 심하면 구박을 받기도 하고, 다른 사람은 신경 쓰지 않는 자극 때문에 힘들어 에너지가 소모된다. 까탈스럽다고 자책할 수 있다. 자책이 반복되면 둔감해지려 노력하고 때론 성공하기도 한다. 그러나 대부분은 감각을 무시하거나 억누르는 방법만 터득했을 뿐, 실제 불편이 없어진 것은 아니다. 본인은 괜찮다고 여기지만, 이는 단지 무시하는 데 익숙해진 것이고, "남들 다 이 정도 불편은 참고 살지 않아?"라며 아무렇지 않은 척 살아갈 뿐이다. 너무 잘 억눌러서 불편을 인지조차 못하는 경우도 많다. 몸은 지속적인 긴장과 불안 상태에 있어 불안장애나 공황장애가 생기기도 하고, 면역력이 떨어져 대상포진이나 암과 같은 질병으로 이어지기도 한다. 스트레스의 결과가 자신도 모르게 몸 어딘가에 쌓이고 있을지 모른다.

반복해서 말하지만 모든 특성에는 장단점이 있다. 불쾌한 감각에 소모되고 힘들 수 있지만, 좋은 감각을 풍부하게 느끼고 표현할 수 있다는 장점 또한 있다. 예를 들어 소리에 민감하면 음악이 주는 하모니를 더 잘 즐길 수 있다. 피부에 닿는 촉각 때문에 옷이 불편했다면 부드러운 이집트 면의 촉감을 더 잘 느낄 수 있고, 이렇게 섬세한 감각을 활용하여 직업적인 이점을 가질 수도 있다.

내부수용감각과 고유수용감각

외부감각이 전부는 아니다. 우리 몸에는 내부수용감각과 고유수용감각이 있다. 내부수용감각(interoception)이란 자기 신체 내부에 대한 감각적 지각을 말한다. 근육, 장기, 피부와 같은 결합조직의 감각으로, 배고픔, 갈증, 졸음, 긴장감, 통증, 체온, 안정감 등으로 표현된다. 이러한 내부수용감각은 내면의 감정 경험과 밀접하게 얽혀 있다.

고유수용감각(proprioception)이란 중력과 관련해 자기 신체 위치를 인지하는 감각을 말한다. 예를 들어 내가 똑바로 앉아 있는지 기울어져 있는지, 균형을 잘 잡고 있는지에 대한 느낌이다.

소매틱 어휘(somatic vocabulary) 《EMDR 치료와 소매틱 심리학의 통합》, 아리엘 슈와르츠, p.76

아픈	어지러운	뛰어오르는	빙빙 도는
더부룩한	둔한	가벼운	강한
막힌	전율이 흐르는	메스꺼운	질식할 듯한
숨이 막히는	기운이 넘치는	무감각한	땀이 나는
명랑한	팽창하는	두근대는	긴장된
윙윙거리는	붉어진	압력이 느껴지는	두꺼운
오한이 느껴지는	펄럭이는	꺼끌꺼끌한	욱신거리는
축축한	정신없는	부은 듯한	조이는
차가운	얼어붙은	뻗어 나가는	따끔거리는

충혈된	흐릿한	흔들리는	떨리는
수축한	무거운	날카로운	따뜻한
단단한	가려운	부드러운	물 같은

외부감각과 내부수용감각, 고유수용감각, 그리고 감정까지. 우리 뇌는 800~1200억 개의 세포 덩어리로 이루어져 서로 연결되어 있다. 우리의 몸은 개별 부위가 독립된 채 존재하는 것이 아니라 긴밀하게 연결된 하나의 통합체다. 이런 전체적 감각은 자기감(sense of self)과도 연결된다.

자기감정 인지가 어려운 사람들에게는 신체 내부수용감각과 고유수용감각이 중요한 힌트가 될 수 있다. 꼭 자기감정 인지가 어렵지 않더라도, 자기감정을 더 세부적으로 알아가고 인지하는 능력을 키우기 위해 이러한 감각을 활용하는 것도 도움이 될 것이다.

공감각(Synesthesia)

공감각이란 오감 중 서로 다른 감각이 결합하는 현상이다. 한 가지 이상의 감각이 동시에 작용하는 것을 의미하며, 각각의 뇌 영역 간 연결에 의해 나타난다. '빨간색의 A', '녹색의 D'와 같은 식이다. 대부분 사람에게는 생소하지만, 일부 공감각자들에게는 실제로 경험되는 현상이다. 물론 생소한 표현뿐 아니라 '이쁜 향기', '따뜻한 색', '발랄한 음악'처럼 우리에게 친숙한 공감각적 표현들도 많다. 최근 공감각과 관련된 유전 형질이 밝혀지고 있다. 23명 중 한 명 정도가 이 형질을 가지고 있으며, 90명 중 한 명꼴로 공감각을 생생하게 느낀다고 한다.

앞서 여러 차례 강조했듯 모든 특성에는 장단점이 있다. 공감각을 너무 강하게 느끼는 사람은 쉽게 지치기도 한다(예컨대, 모든 색상이 찬란하게 보여 항상 클럽 안에 있는 기분 같은 경우). 지인에게 이상한 사람 취급을 받을 수 있고, 소외감을 느끼거나 자신이 잘못된 사람처럼 여겨질 수도 있다. 하지만 장점도 있다. 두 가지 이상의 감각을 동시에 느끼며 섬세하고 풍부한 감각 경험이 가능하기 때문에 이를 다채롭게 표현하고 즐길 수 있다.

《공감각》, 리처드 사이토윅

사실을 보자면, 이 사람은 단지 공감각을 가진 것이며, 타인과 다를 뿐 이상한 사람이 아니다. 만약 감각 때문에 쉽게 지친다면 이를 인지하고 스스로를 배려하면 된다. 청각이 예민하여 특정 소음이 힘들다면 그런 장소를 피하거나, 대중교통의 소음이 괴롭다면 노이즈 캔슬링 헤드폰을 쓰면 좋다. 촉각이 예민하다면 자신의 피부에 맞는 옷이나 침구를 선택할 수 있다. 후각이 예민한 경우, 불편한 향이 있는 장소를 피하거나 좋은 향으로 기분을 전환할 수 있다.

우리가 보고 인지하는 세상은 실제의 일부에 불과하다. 예를 들어 인간의 오감 중 시각이 차지하는 비중은 70~85%에 달한다. 전자기파의 전체 범위를 0~10^{26}Hz(01m)라면, 우리가 볼 수 있는 가시광선의 영역은 10^{15}Hz(약 330780nm)의 아주 작은 영역에 지나지 않는다. 게다가 같은 색에서도 소리를 듣거나, 같은 색을 서로 다르게 인지하는 사람도 존재한다. 개별 존재가 세상을 주관적으로 인식하는 방식, 즉 각자의 움벨트(Umwelt, 각 생물체가 자신만의 감각기관과 인지 체계를 통해 인식하고 경험하는 주관적인 세계)가 존재한다. '사람이 파악하는 건 사람마다 다를 수 있다.' 게다가 인간은 복잡한 외부 세계를 전부 인지할 수도 없다. 객관적인 사실을 파악할 수는 없나?

사람은 세상의 일부만 인지하고 본다는 사실이 맞다. 개인마다 인지 능력이 다르고 파악 가능한 범위에도 차이가 있다. 누군가는 뛰어난 공감각을 가지고 있고, 누군가는 타인의 반응에 예민하며, 누군가는 수학을 잘하는 것과 마찬가지다. 이 역시 모두 사실이며, 파악할 수 있는 범위의 차이가 있을 뿐이다. 편견을 경계해야 하지만, 완벽히 편견을 피할 수는 없다. 얻은 정보, 즉 사실을 왜곡하지 않고 바라보려는 노력은 가능하다. 아는 만큼 보인다. 더 많이 알면 더 많은 것을 이해하고 자신을 지킬 수 있다.

능력

물리학적 개념과 여러 이론은 시대적 맥락과 함께 발전한다. 과거에는 에너지 같은 많은 것들이 정해진 값을 가지며, 한쪽이 줄면 다른 쪽이 늘어나는 형식이었다. 시대적 맥락 속에서 지능을 단일한 속성으로 보고 IQ를 점수화하기도 했다. 시대가 발전하면서 점차 정서적·사회적 측면이 주목받기 시작했다. 정서지능(EQ, Emotional Quotient)은 자신의 기분을 인지하고, 감정을 제어하며, 좌절을 인내하고, 타인에게 공감하며 협력하는 능력이다. 사회지능(SQ, Social Quotient)은 사회적 상황에서 사람들과 원활히 상호작용하는 능력이다. 최근에는 더 다양한 관점이 소개되고 있다.

하워드 가드너(Howard Gardner)가 1983년에 소개한 다중지능이론(Theory of Multiple Intelligences)을 참고해 보자.

- 언어지능(Linguistic Intelligence): 언어를 효과적으로 구사하고 외국어를 쉽게 습득하는 능력이다.
- 논리·수학지능(Logical-Mathematical Intelligence): 논리적이고 수학적으로 사고하는 능력이다. 기존의 IQ 검사가 대부분 이 지능을 기반으로 만들어졌다.
- 시각·공간지능(Spatial Intelligence): 공간 및 시각적 정보를 빠르게 파악하고 기억하며 표현하는 능력이다.
- 음악지능(Musical Intelligence): 음악과 소리에 대해 타인보다 민감하게 반응하고 분석하는 능력이다.
- 신체운동지능(Bodily-Kinesthetic Intelligence): 자기 신체를 잘 통제하고 다루는 능력이다. 스포츠뿐 아니라 균형감, 민첩성, 섬세한 손의 움직임과 표현력까지 포함된다.
- 대인관계지능(Interpersonal Intelligence): 타인과 원활히 교류하고 상대방의 감정과 행동을 잘 파악하는 능력이다. 다른 사람의 감정에 공감하고 관계를 잘 유지하는 능력이 뛰어나다.

- 자기성찰지능(Intrapersonal Intelligence): 자신의 감정과 상태를 잘 이해하고, 이를 통해 행동을 조절하며 스스로를 객관적으로 인지하는 능력이다.
- 자연탐구지능(Naturalist Intelligence): 자연과 상호작용하는 능력으로, 동식물과 자연환경을 잘 인식하고 분석하며 교감하는 능력이다.
- 실존적지능(Existential Intelligence): 초기에는 영적 지능으로 분류되었으며, 존재론적이거나 인간 본성 등 실존적인 문제에 대해 사고하는 능력이다.

하워드 가드너는 개인차가 있지만 모든 사람이 아홉 가지 지능을 어느 정도는 가지고 있으며, 아홉 가지 모두 뛰어난 사람은 없다고 말한다. 또한 장애가 있더라도 특정 지능은 우수할 수 있다고 강조한다.

개인적으로는 기존의 IQ나 EQ와 같은 단일 지능 개념보다 다중지능이론이 더 유용하다. 개인 간의 차이를 고려하면 단순히 점수의 높고 낮음만을 강조할 필요가 없다. 누구나 잘하는 분야가 있고 상대적으로 부족한 분야가 있다. 자신에게 어떤 장점이 있어서 이를 키워줄 수 있는지, 어떤 부분이 약해서 배려하고 도움을 주어야 하는지 알기 위한 도구로 활용하면 된다.

사람들은 흔히 평균치에 대한 꿈을 꾼다.

"최소한 평균은 되어야지."

"남들만큼은 해야지."

정말 꼭 남들만큼 해야 하는가?

우리는 달라도 된다. 아니, 달라야 정상이다. 평균의 함정에 빠지지 말자. 지구에 살고 있는 78억 명의 사람은 모두 다르다. 스스로 인지하는 자아가 다르고, 외모가 다르고, 능력도 다르다. 모든 걸 다 잘할 필요도 없고, 다 잘할 수도 없다. 이는 나 자신뿐만 아니라 내 아이에게도 마찬가지다.

몸, 건강, 체력

다중지능 중 신체운동지능과도 관련된 부분이다. 신체-운동 지능은 자신의 신체를 사용하여 생각이나 감정을 표현하고, 문제를 해결하며, 어떤 것을 만들거나 변화시키는 능력을 의미한다. 즉, 뇌와 신체가 얼마나 긴밀하게 연결되어 유기적으로 작동하는지를 본다.

- 나는 내 운동 능력에 대해 얼마나 알고 있는가? 민첩한 편인가?
- 손재주가 좋은 편인가?
- 나의 체력은 어떤가? 체력이 고갈될 때 어떤 증상이 나타나고, 어떻게 반응하는가?
- 건강상 문제가 있는가?
- 건강이 나빠질 때는 보통 어떤 상황인가?
- 감정 상태와 체력, 건강 상태가 서로 연관이 있는가?

능력이나 재능 가운데 체력 역시 중요한 항목이다. 모든 생명체는 에너지를 얻고 소비하며 살아간다. 사람도 식사를 통해 에너지를 얻고, 그 에너지로 신체와 건강을 유지하고, 움직이고, 생각하고 집중하며, 감정을 조절한다. 체력이 소진되면 감정을 조절할 힘도 부족해진다. 그러면 쉽게 짜증을 내거나 우울에 빠진다.

사람들은 몸은 몸이고 감정은 감정이라며 서로를 독립적으로 생각하는 경향이 있다. 3일 동안 밤샘 작업을 했거나 시험공부를 하느라 한숨도 못 잤다고 상상해 보자. 그런 상황에서 선배가 별일 아닌 하소연을 하며 의견을 묻는다. 어떤 생각이 스치겠는가? 아마 '짜증 나게 왜 저런 걸로 난리지? 하필 나한테 떠드는 거야?' 같은 생각이 들지 않을까? 반대로 몇 개월간의 프로젝트를 끝내고 푹 쉬고 난 뒤, 가뿐하고 상쾌한 상태일 때 선배가 찾아와 똑같은 하소연을 한다면 어떨까? 아마 편안하게 들어줄 수 있을 것이다. 짜증의 원인은 정말 감정 때문인가? 사실은 나쁜 몸 컨디션 때문이 아닐까? 그러나 대부분 사람은 이런 짜증 같은 감정의 원인을 몸 상태보다는 감정을 유발한 사건에서 찾는다.

몸과 마음은 독립된 시스템이 아니다. '나'라는 한 사람을 구성하는 서로 연결된 요소다. 나의 각 부분은 서로 소통하고 협력하며 돕는다. 집중력을 정신적인 요소로만 보기도 한다. 우울하거나 화가 나서 신경 써야 할 감정 상태에서는 집중하기 어렵다. 체력이 떨어진 상태도 마찬가지다. 폐렴에 걸려 면역체계가 비상 상태에 돌입해 온몸이 애쓰고 있다면, 다른 일에 집중할 여력이 어디 있겠는가?

체력이 떨어져서 짜증이 나거나 감정이 조절되지 않을 때, 그 원인을 상황이나 타인 또는 자신에게서 찾는 엉뚱한 오해는 하지 말자. 대신 자신과 타인에 대한 배려가 필요하다. 체력이 떨어져 감정 조절이 어렵다면 혼자 있는 시간을 늘려 실수를 줄일 수 있다. 가족과 꼭 시간을 보내야 한다면 미리 설명하고 양해를 구할 수도 있다. 너무 피곤해 내가 짜증을 낸다면 분명 내 책임이 맞으니, 옆 사람의 속상한 마음도 이해해야 한다. 가장 우선은 체력 고갈로 인해 조절되지 않은 감정으로 힘들었을 자신도 충분히 이해하고 보살펴야 한다.

장점과 단점의 구분

우리는 자신에게 엄격하면서도 자신의 장점은 쉽게 놓친다.

타인의 장점은 잘 발견하고 칭찬하면서도, 자신의 좋은 점은 보지 못하는 사람이 많다. 늘 자신에게 부족한 점이나 고쳐야 할 점만 살핀다. 이런 점을 지적하면 "발전할 수 있으니 괜찮지 않나요?"라고 대답한다. 만약 단점만을 바라보고 살아간다면 스스로를 어떻게 생각하겠는가? 자신을 어떤 사람으로 느끼겠는가? 어떤 자존감을 가지게 될까?

타인을 칭찬하듯 자신도 칭찬해 주자. 아이에게, 친구에게, 동료에게 언제 칭찬을 건네는가? 꼭 크고 대단한 일이 아니어도 된다. 학교에서 받은 작은 칭찬, 이전보다 나아진 점수, 직장에서 성공적으로 마무리한 프로젝트나 위기 상황을 잘 넘긴 일 등도 좋다. "넌 긍정적이야." "이야기를 잘 들어줘." "성실해." "수학은 못하지만 영어는 잘하지." "눈에 띄진 않지만, 위기를 만들지 않고 조용히 잘하는 사람이지." "이쪽 업무는 부족해도 저쪽 일은 손에 꼽힐 만큼 잘하잖아." 처음에는 어색하다. 별로 해본 적이 없기 때문이다. 다만 스스로에게 너무 야박하지 말자.

타인의 마음이나 의도를 잘 알아채고 맞추는 사람일수록 스스로 눈치 보는 사람, 자존감이 낮아 늘 다른 사람에게 맞춰주는 사람으로 단정 짓기도 한다. 이렇게 스스로 단정짓지 말자. 타인의 감정이 어떤지, 무엇을 말하고 싶은지, 무엇이 필요한지 알아차리는 것은 뛰어난 능력이고 재능이다. 이런 재능을 갖기가 쉬운 일인가? 장점에 비해 자기자기배려가 부족하다는 것뿐이다. 자기배려 없이 타인을 배려하면 쉽게 오해받을 수 있다.

예민함도 비슷하게 오해를 받는다. 감각이 예민하거나 감정이 풍부한 사람들은 스스로를 부정적으로 보는 경향이 있다. 관계에 있어서 불편한 면만 부각돼서 오해가 생겼다. 예민한 사람 중 어떤 이들은 몸에 닿는 옷의 재질이 불편해서 특정 재질의 옷만 입거나 라벨을 모두 제거하기도 한다. 씹히는 질감이 괴로워 특정 음식을 피하거나, 냄새나 감각을 자극하는 장소를 피하기도 한다. 삶을 불편하게 하는 감각만 보기 때문에 나쁘다고 여겨졌다. 하지만 촉각이 민감한 사람이라면 섬세한 감촉을 활용하는 디자이너가 될 수도 있다. 미각이 민감한 사람이라면 섬세한 맛을 표현하는 셰프가 될 수도 있다. 청각이 민감하다면 음악 분야에서 재능을 펼칠 수 있다. 직업에 국한되지 않아도 풍부한 감각 덕분에 삶을 더 깊고 섬세하게 즐길 수 있다. 음식을 더 맛있게 즐기고, 음악을 더 깊게 듣고, 모래의 촉감과 잎의 질감, 물의 느낌을 더 풍부하게 경험할 수 있다. 감정의 경우도 예민한 사람들은. 다양한 감정을 깊고 세밀하게 느끼다 보니 울음이 많거나 나약하다고 단정 지으며 부정적으로 평가한다. 그러나 이 또한 세밀한 다른 감각과 다를 바 없다. 슬픔뿐 아니라 감동, 행복, 소중한 순간들까지도 더 깊고 풍부하게 느낄 수 있다.

사실 모든 것에 단점과 장점이 있다. 예를 들어 눈치가 없고 반응이 느리며, 임기응변이 부족하다고 속상해하는 사람들이 많다(나도 그런 사람이다). 누군가가 나의 성격을 비꼬거나, 이로인해 억울한 일을 당했을 때, 나중에 깨닫고는 했다. 특히 잠들기 전까지 곱씹고 이불을 차며 자신을 자책하곤 했다. 시간이 지난 자신을 이해하고 나니, 반응이 느린 덕분에 실수가 적었다. 문제가 생기는 당시에는 알 수 있는 것은 제한된 정보뿐이다. 문제의 크기가 클수록 고려해야 할 요소가 많아지고, 당시에는 몰랐던 배경 상황을 뒤늦게 깨닫기도 한다. 작은 문제라면 잠깐 오해해도 크게 속상하지 않다. 하지만 큰 문제일수록 오해의 여파는 더 크다. 문제 해결에 있어서 나는 반응이 느린 것이 다행이라고 생각한다. 모든 장점에는 그림자같은 단점이 있고, 모든 단점에는 빛나는 장점이 있다.

사실: 타인

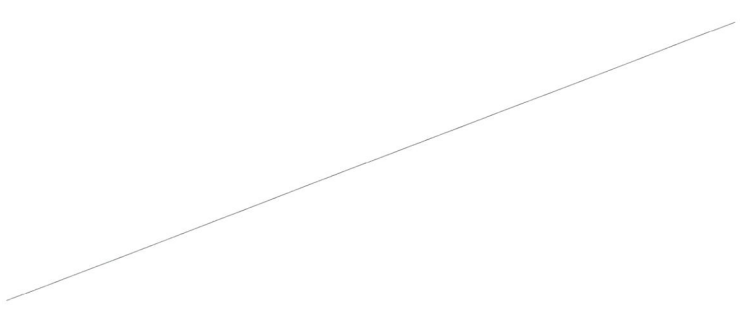

관계의 형성

관계는 혼자 만드는 것이 아니다. 두 사람 이상이 함께 만든다. 내가 있고 상대가 있다. 앞서 말했듯, 우리 모두는 세포 하나에서 시작했다. 아기로 태어나, 어른으로 자랐다. 아기에서 어른이 되기까지 수많은 일을 경험했다. 그중 하나가 바로 관계다. 처음으로 부모와 관계로 시작해 점차 친척 어른들, 또래들, 유치원 선생님과 친구들을 만난다. 초등학교, 중학교, 고등학교를 거치고, 성인이 되어 대학과 사회생활을 하며 다양한 관계를 맺는다. 대부분의 경우, 부모나 가족과의 관계가 이후 맺는 모든 관계의 바탕이 된다. 또한 이는 자기감(self-feeling)

이 형성되는 기초이기도 하다. 하인츠 코헛은 자기감을 자신의 정신, 정서, 신체를 하나로 조화롭게 느끼는 주관적인 경험이라고 설명했다. 정체성에 대한 내면의 인식을 포함한, 자기감을 바탕으로 친구들과 관계를 맺어간다.

앞서 이야기한 A 양과 B 양을 기억하는가? 편안한 가정환경에서 자란 A 양은 부모와 안정된 관계 속에서 자존감을 키울 수 있었다. A 양은 친구들 사이에서 분위기 메이커 역할을 할 가능성이 높다. 주도적으로 친구 관계를 이끌기도 할 것이다. 또한 어른들과는 어떨까? A 양은 항상 어른들의 사랑과 도움을 받았기에 어른들에게도 쉽게 다가가고 친밀감을 느낄 수 있다. 필요한 도움도 주저 없이 요청할 수 있을 것이다. 나중에 대학 교수님이나 직장 상사에게도 자연스럽게 다가갈 가능성이 크다.

B 양은 부모와 편안한 관계를 맺지 못했고 늘 눈치를 보며 자존감을 키우지 못했다. 자존감이 낮은 B 양은 친구들 사이에서 조용히 따라가는 편일 것이다. 부모님이 늘 혼냈고 무서웠기 때문에 B 양은 어른들에게 거리감을 느끼고 다가가기 어렵다. 도움을 요청하는 것도 쉽지 않다. 부모님처럼 화를 내거나 거절할지 모른다는 막연한 걱정을 하기 때문이다. 늘 조심스럽기에 쉽게 편한 관계를 맺지 못한다. 선생님들과 친해지지 못한 채, 성격이 까다롭고 화를 자주 내던 나쁜 선생님과의 속상한 에피소드만 학창 시절의 기억으로 남기 쉽다. 이런 관계의 패턴은 대학 생활과 직장 생활에서도 지속될 가능성이 높다.

애착

부모와의 관계를 설명하는 개념 중 하나가 바로 '애착'이다. 최근 들어 스스로 "애착장애가 있는 것 같아요."라고 이야기하는 사람들이 꽤 많아졌다. 간단히 애착이 무엇인지 알아보자.

애착은 존 볼비(John Bowlby)의 '애착 이론(Attachment theory)'에서 출발했다. 애착 이론의 주인공은 아기와 양육자다. 아기는 생존을 위해 양육자를 필요로 한다. 하지만 볼비는 아기가 단순히 먹고 자는 신체적 욕구뿐만 아니라, 애정적 유대(attachment)가 절대적으로 중요하다는 점을 강조했다. 아기는 태어나 양육자와의 애정적 유대를 통해 애착을 형성한다. 이 관계는 마치 안전기지(safe base)처럼 기능하여, 아이가 세상을 안심하고 살아갈 수 있도록 도와준다.

모든 양육자가 좋은 양육자는 아니다. 아기가 울어도 배가 고픈지, 기저귀를 갈아야 하는지, 어디가 아픈지 세심하게 돌봐주지 않는 이들도 있다. 아기는 편안함을 충분히 경험하지 못하면 두렵고 불안해한다.

애착이 잘 형성되었는지 확인하는 대표적 방법은 양육자와의 분리 상황에서 아이가 보이는 반응이다. 부모가 잠시 사라졌을 때 아이는 어떤 행동을 보이는가?

<아동의 애착유형> -애인스워스의 낯선상황실험

애착 유형	유아의 반응 및 행동	부모의 태도 및 행동
안정형 애착	부모가 사라지면 힘들어하지만, 돌아오면 안기고 부모가 있을 때 안심한다.	아기의 감정을 잘 인지하고 있다. 힘들어하면 즉각 도움을 주고 안심시킨다.
회피형 애착	부모가 사라져도 크게 힘들어하지 않고, 부모가 돌아와도 피한다. 놀기는 하지만 열의가 없어 보인다.	아이가 울어도 돌봄이 적고 피하며, 신체적 접촉이 적다. 아기의 감정보다는 성취를 요구한다.
양가적 애착	부모가 사라지면 매우 힘들어하고, 부모가 돌아오면 화를 내거나 불안해하며 부모에게 매달려 놀지 못한다.	부모가 변덕스럽고 일관성이 없다. 함께 있어주기보다는 부적절하게 침범하며, 아기의 감정을 조율하기보다 부모 자신의 반응에 더 관심이 많다.
비조직화/ 혼란 애착	회피적이고 양가적인 모습을 동시에 보인다. 불안을 다루지 못해 극단적이고 혼란스러운 반응을 보인다.	부모가 문제 상황에 있는 경우가 많다. 보호자의 우울, 정서적 방임, 신체적 또는 성적 학대 등이 있다.

이 유형은 아동의 경우에 해당하며, 성인의 유형에 대해서는 이후에 관계 패턴을 다룰 때 다시 이야기할 것이다. 어린 시절의 애착 패턴은 성인기까지 이어지기도 한다. 이미 성인이 되었다 하더라도 나의 어린 시절을 돌아보고 그때 있었을 어려움을 이해하는 계기가 될 수 있다. 대체로 안정형 애착이 전체의 50% 이상으로 보고된다.

간혹 단순히 '사랑받고 싶어요'라는 감정을 '애착 문제가 있어요'라고 오해하는 경우가 많다. 누군가와의 안정된 관계가 맺기 힘들거나, 관계를 자꾸 확인하려고 하고, 상대에게 확인받지 못할 때 힘들다면,

어린 시절에 애착 시스템이 안정적으로 형성되지 않아 이를 다시 만들고자 하는 시도라고 볼 수도 있다.

단순히 사랑 표현을 더 받고 싶은 마음이나 관계에서의 자연스러운 바람조차 '애착 문제'로 오인되는 경우가 종종 있다. 특히 나르시시스트들이 상대를 가스라이팅할 때 이용하기도 한다. 세상 모든 사람에게 사랑받고 싶은 욕구와, 한 사람에게 지나치게 집착하는 경우는 애착과 다르다는 것을 명심하자. '과도한 정도'와 '적절한 정도'를 혼동해서는 안 된다.

애착 표현도 생각해 보자. '사랑한다.'는 말은 연인 간에 당연히 주고받을 만한 표현인데도 죄책감을 느끼는 경우가 있다. 어떤 사람은 자신의 감정을 표현하기보다 상대에게 맞추며 미움받지 않으려 노력하기도 한다. 미움받지 않으려고 사랑을 표현하는 일은 자신을 지나치게 소모시킨다. 타인에게 맞추고, 그 반응을 확인하고, 다시 수정하는 과정이 지속적으로 반복된다. 늘 긴장 속에서 살아가게 된다. 앞서 말했듯 누군가는 모든 사람을 싫어할 수 있다. 그러므로 모든 사람에게 미움받지 않는 것은 불가능하다. 애초에 불가능한 상황에서 모든 사람에게 미움받지 않으려면 얼마나 큰 노력과 에너지를 소모해야 하겠는가?

경계선

사람은 마음과 몸이 있고, 삶이 있다. 자기만의 생각이 있고, 감정이 있으며, 원하는 바가 있다. 자신이 한 말과 행동은 개인의 선택이고,

결과 또한 개인의 책임이다. 이 모든 것은 '나'라는 주체 안에서 시작한다. 수많은 '나'가 모여 부부가 되고, 가족을 이루며, 사회를 만든다. 감정, 기대, 선택, 책임, 의무 등이 개개인이 정한 경계선 안에서 이루어진다. 서로 다른 사람의 감정과 요구, 기대가 타인의 경계선을 넘나드는 모습을 진료실에서도, 실생활에서도, 수없이 많이 보고 경험했다.

부모-자식, 배우자, 연인, 친구, 동료 등 어떤 관계든 마찬가지다. 상대방의 경계선 안으로 들어가 자신의 스타일과 사고방식을 강요하는 사람들이 있다. 부모와 자식 사이에서 흔하게 벌어진다. 자녀의 성취를 마치 자신의 경계선 안으로 끌어들여 자기 것으로 여기는 부모들이 있다. 자녀가 좋은 성적을 얻고, 좋은 학교와 좋은 직장을 갖도록 종용하기도 한다. 그러면서도 자녀만을 위한 일이라고 굳게 믿기도 한다.

반대로, 부모의 잘못이나 실수를 자신의 것으로 여기고 괴로워하는 사람들도 있다. 부모가 저지른 경제적·사회적 실수와 그로 인한 낙인이 마치 자기 것처럼 느껴져 자존감이 상처받고 세상과 거리를 두기도 한다. 혹은 자녀의 실수를 자신의 것으로 여기고 이를 감추거나 대신 해결하려고 애쓰는 부모도 있다. 그런 과정에서 불안하고 우울해진다.

어떤 경우에는 상대가 힘들어할까봐 상대의 짐을 대신 짊어지며 상대의 문제를 자신의 경계선 안으로 끌고 들여오기도 한다. 부모님이 걱정돼서 늘 부모의 바람을 내 경계선 안에 두고 부모의 뜻대로만 선택한다면 어떨까? 혹은 아이가 걱정되어 부모가 아이의 경계선을 넘어 모든 결정을 대신한다면 어떨까?

S 씨는 외동아들이다. 어려운 집안에서 자수성가한 부모님은 아들이 좋은 길만 걷도록 교육에 많은 관심을 쏟았고, 적극적으로 관여했다. S 씨는 부모님의 뜻에 따라 공부를 잘했고, 부모님이 원하는 전공을 선택하여 집안의 자랑거리가 되었다. 하지만 연애를 하면서 갈등이 생겼다. 부모님은 경제적으로 탄탄한 집안의 여성과 결혼하기를 원했다. S 씨가 사랑하는 여성은 집안이 좋지 않아 부모님의 뜻에 따라 결국 헤어지게 됐다. 그러나 S 씨는 그녀를 잊지 못했고, 이후 여러 소개팅과 맞선을 봤지만 부모님도 만족하고 자신도 좋아할 만한 사람을 만나지 못했다. 이제 곧 마흔이 되어가는 현재도 S 씨는 싱글이다.

부모님의 조언은 그분들에게 최선이었을 것이다. 그분들의 삶과 경험, 가치관에서 본다면 충분히 이해할 수 있는 선택이다. 하지만 S 씨가 비슷한 삶을 살았다고 하더라도, 그는 다른 선택을 할 수 있었다. S 씨는 부모님의 요구가 과하다고 느꼈지만 부모님을 사랑했기에 뜻에 따랐다. 반대로 부모는 아들의 개인적인 마음을 헤아리지 않았다.

부모님은 S 씨의 개인적인 경계선을 넘어왔고, S 씨 역시 부모님의 뜻을 자신의 경계선 안으로 받아들였다. S 씨가 갈등을 최소화하기 위해 선택한 방법은 '선택을 하지 않는 것'이었다. 때로는 부모의 반대가 옳았을 수도, 그렇지 않았을 수도 있다. 중요한 것은 수많은 상황과 다양한 선택이 있지만, 결국 자신이 내려야 할 선택은 오롯이 자신의 것이라는 점이다.

K 씨는 영업 일을 한다. 주식 공부가 취미이며, 주식 투자가 부업이다. 영업 일을 좋아하지 않아 주식으로 큰돈을 벌고 쉬고 싶다. 수익률이 아주 높은 건 아니지만 자부심이 있다. 평소 바른 태도로 살아가는 친형이 거의 유일한 친구다. 얼마 전 크게 상승할 것으로 기대되는 주식을 발견하고 매우 흥분했다. 테슬라처럼 크게 성공할 것이라는 확신이 들어 전 재산을 투자했다. 친형에게만 이 사실을 알리며 모아놓은 돈을 모두 투자하라고 권했다. 하지만 소액만 투자하던 형은 K 씨의 권유를 받아들이지 않았다. 아무리 설명하고 설득해도 형은 요지부동이었다. 결국 집요하게 권유하는 K 씨에게 형은 화를 냈다. 유일하게 형에게만 알려줬는데 자신의 조언을 무시했다고 느낀 K 씨는 몹시 화가 났고, 형과 크게 싸운 후 몇 달째 냉전 상태다.

만약 상대방의 판단 기준과 삶의 방식을 존중해줄 수 있었다면, 자신과 자신의 조언을 분리해 생각할 수 있었다면 어땠을까? 사실 형은 K를 진심으로 사랑하는 가족으로 여긴다. 형제가 서로를 생각하는 마음은 변함없다. 다만 투자에 대한 입장이 다를 뿐이었다. 걱정이 많고 위험 대비를 중요하게 생각하는 형은 한 방에 큰돈을 버는 투자보다는 하루하루 성실히 일하며 차근차근 쌓아가는 삶이 옳고 안전하다고 느끼는 사람이다. 형은 동생을 사랑하고, 동생의 정보가 맞을 수 있다고 생각했지만, '몰빵 투자'가 싫었을 뿐이다. K 씨가 형을 좋아하는 것도 사실이고, 자신의 투자가 옳다고 생각하는 것도 사실이다. 하지만 문제는 형이 K 씨의 조언과 K 씨 자신을 동일하게 받아들였다고 오해한 데 있었다. 조언에 대한 거절을 자신에 대한 거절로 받아들였기에 갈등이 생겼다. 물론 자신의 조언을 받아들이지 않아 섭섭할 수는 있다. 그러나 섭섭함 정도에서 끝날 일이었고, 몇 달씩 지속되는 갈등은 없었을지 모른다.

경계선을 늘 침범당하거나, 침범하는 사람은 자기 삶을 온전히 살기 어렵다. 자율적인 한 사람으로 산다고 느끼기 힘들다. 경계선을 침범하는 사람은 타인과 나의 구분이 명확하지 않은 경우가 많다. 타인에게 계속 요구하게 되고, 무의식적으로 상처 주며 갈등을 일으킨다. 결국 자신도 상처를 받는다.

타인은 내 뜻대로 움직이지 않는다. 자녀에게, 배우자에게, 부모님에게, 친구들에게 바라는 기대가 그렇다. 한동안 내 뜻대로 해줄 수는 있지만 결국 상대방의 한계는 찾아온다. 상대가 내 바람대로 움직이지 않는 순간, 상대를 나 자신처럼 여기기 때문에 양쪽 모두 상처를 받는다. 혹은 참다못한 상대와 갈등을 겪게 된다. 경계선을 침범하는 사람도, 침범당하는 사람도 행복하기 어렵다.

관계의 패턴

애착 유형

존 볼비의 애착 이론에서 나온 개념이며, 지금도 지속적으로 연구되고 있다. 그중 하나를 소개할 테니 나는 어떤 유형인지 살펴보자. 자신을 어떻게 느끼고 있는가? 타인을 어떻게 생각하고 있는가? 나는 어떤 방식의 대인관계를 맺고 있는가?

자기 / 타인	긍정적 (회피 낮음)	부정적 (회피 높음)
긍정적 (독립적)	안전형 (친밀함과 자율에 편안함)	거절형 (친밀함을 피하고 의존을 싫어함)
부정적 (의존적)	집착형 (관계에 지나치게 집착)	겁내는 유형 (친밀함을 원하지만 두려워하며 사회적 교류를 회피)

나는 한 가지 유형에 두드러지게 속하는가? 이 유형이 내 삶에 큰 영향을 주고 있는가? 이 유형이라고 판단하고 끝내지 말자. 카테고리로 나뉘었지만, 각자가 자신의 마음을 잘 살펴야 한다. 집착형이라면 관계에 쏟는 감정과 시간 등 소모가 클 것이다. 그래서 자기 자신에게 중심을 두고, 자신에게 충실한 삶을 살기 어렵다. 겁내는 유형은 친밀함을 원하면서도 두려움으로 인해 관계를 피한다. 집착형이 실제 관계 문제로 에너지를 많이 소모한다. 겁내는 유형은 마음속 갈등이 많아

인물들의 표정과 태도에서 어떤 것이 느껴지는가? 마음을 다하여 애정을 가지고 가르치는 남성과 방어 없이 온전히 신뢰하며 진지하게 배우는 여성. 이 남성은 누군가를 사랑할 수 있는 사람이다. 이 여성은 누군가를 신뢰할 수 있는 사람이다. 당신은 당신 주변 사람들과 어떤 관계를 맺고 있는가?

알버트 에델펠트, At the Piano, 1884

감정적인 소모가 크다. 다가가지 못하는 자신에 대한 자책, 관계를 원하면서도 회피하는 자신에 대한 자책으로 상처받을 수 있다.

테이커, 매쳐, 기버: Giver, Taker, Matcher

애착 유형이 개인과 타인에 대한 인식과 필요에 따라 유형을 나누었다면, 이번 개념은 나눔에 대한 개인의 성향으로 분류한 것이다.

《Give and Take》에서 애덤 그랜트는 '호혜의 원칙'에 따라 사람을 세 가지로 구분한다.

- 기버 (주는 것이 받는 것보다 많은 사람)
- 매쳐 (받은 만큼 돌려주는 사람)
- 테이커 (주는 것보다 더 많이 받으려고 하는 사람)

다양한 성격 유형 구분법이 있지만, 나는 이 구분법이 특히 유용하다고 생각한다. 이기적인 나르시시스트, 소시오패스들은 테이커다. 반면 착취자에게 계속 주기만 하는 의존적인 기버도 있다. 하지만 의존적이지 않은 상태에서도 주기만 하는 기버들도 많으며, 스스로를 의존적이라고 오해하는 경우도 있다.

자신이 기버에 속한다면 주의 깊게 살펴보기를 바란다. 주는 것은 주변 사람에게 고마운 일이다. 하지만 자신이 주는 것을 모른 채 당연하게 주고 있다면, 기버 주위에는 테이커가 있기 쉽다. 다른 기버는 잘 받으려 하지 않고, 매쳐는 받은 만큼 주어야 한다고 느낀다. 반면 테이커는 당연하게 받으며 더 머무르려고 할 것이다. 고마움을 알고 배려하는 기버나 매쳐보다는, 받는 게 당연한 테이커가 머무르기 좋은 상황이 된다.

기버, 매쳐, 테이커 간단한 단어들이지만 삶에 미치는 영향은 상당히 크다. 남 돕기를 좋아하는 기버들이 테이커에게 삶을 소모당하기도 한다. 감정적으로 지지하느라 지치고, 돈을 빌려주거나 모임에서 돈을 더 내거나, 집안일이나 회사에서의 업무를 더 많이 떠안는 경우가 많다. 자신의 성향을 충분히 알고, 여유가 있어서 해주고 싶다면 괜찮다. 그러나 자신의 성향을 모르고 당연히 해야 하는 일이라 착각한 채 나누어 주고 있다면 자기 착취로 이어진다. 스스로 베푸는 가치를 모를 수도 있다.

기버는 주고 싶어 하는 사람이니 괜찮지 않냐고 생각할 수 있다. 착취당하는 상황, 자신은 힘든데 주기만 하는 상황을 좋아하는 사람은 없다. 기버도 최소한 '상대가 내 마음을 알아주겠지.'라는 생각이 깔려 있다. 상대가 받는 것을 당연하게 생각하고 고마워하지 않는다는 것을 깨닫는 순간, 착취가 되고 상처가 되기 시작한다. 해야 하는 것 이상을 요구받는 상황에서, 기버는 자책감에 괴로워하며 자신을 소모하게 된다. 자신의 선택이 아닌 의무로 느끼면서 끊임없이 요구에 맞추려 애쓴다. 언젠가 이를 깨달은 기버는 테이커 곁을 떠난다. 떠나지 않으면 기버는 결국 상처투성이가 된다.

물론 한 가지로 정의할 수 없다는 건 안다. 진심으로 주고 싶어 하는 기버도 많다. 어차피 같은 결과 아니냐고? 아니다. 내가 테이커에게 주는 것과 내가 해야 할 정도를 정확히 알고, 그것 이상을 해주는 것이 나의 선택이며 호의라는 것을 안다면 상황은 달라진다. 모든 것이 자신의 통제 아래 이루어진다. 자신의 한계를 알고, 자기 삶을 배려하며 선택할 수 있게 된다. 부모님이나 자녀처럼 모든 것을 알면서도 옆에 머무르며 주는 것을 선택하는 기버도 많다. 상대를 잘 알고 있고, 스스로 주는 것을 선택한 것이라면, 그것은 괜찮지 않을까? 선택은 자신의 몫이다.

내가 테이커에 가깝다면 주변 사람들에게 받은 만큼 돌려주도록 신경 써야 한다. 주변 사람들의 마음을 존중하도록 의식적으로 노력해야 한다. 계속 받기만 한다면 소중한 사람들을 잃는다. 내 주변에서 마음을 주고받을 괜찮은 사람들은 점점 사라져 결국 아무도 남지 않을 수 있다.

가족: 부부

부부. 둘의 문제. 의견 차이

부부는 가장 작은 단위의 그룹이지만 매우 중요한 관계이다. 전혀 다른 두 사람이 만나 가족이 되고, 평생을 함께하겠다고 약속한다.

부부싸움이 없는 부부를 본 적이 있는가? 갈등과 의견 차이가 전혀 없을 수는 없다. 만약 부부싸움이 없다면 한쪽이 더 참거나, 양쪽 모두 참고 있는 경우가 많다. 사실 이는 부부만의 문제가 아니다. 부부, 연인, 친구, 동료 등 둘 이상 모인 모든 관계가 그렇지 않은가?

개인이 가진 생각과 가치관, 경험과 지식이 복사하듯 같을 수 없다. 같은 단어를 두고도 각자의 정의와 뉘앙스가 다르다. '괜찮다'라는 말도 그렇다. 누군가에겐 정말 아무 문제가 없다는 뜻이고, 누군가에겐 '참을 만하다.'는 의미다. 심지어 정말 괜찮다고 느끼는 사람들조차 완벽히 괜찮아야 한다고 생각하는 경우가 있고, 평균 정도만 괜찮으면 충분하다고 생각하는 경우도 있다. '노력'이란 단어도 마찬가지다. 어떤 사람은 애쓰는 것을 노력이라 생각하고, 또 다른 사람은 마음에서 우러나는 행위는 노력이라고 하지 않는다.

감정에 대한 정의 또한 다르다. 같은 상황에서 화와 짜증을 구분하는 기준이 다르다. 특히 부부간에 이런 차이를 자주 보았다. 한쪽은 흥분해서 목소리가 커진 것뿐이라 짜증일 뿐 화는 아니라고 하는데, 상대방은 이를 화로 받아들인다. 그래서 또 다른 싸움이 발생한다. 갈등을 풀어가는 방법 역시 사람마다 다르다. 단어나 감정도 이럴진대, 상황에 대한 느낌과 해석, 삶을 살아가는 가치관까지 생각하면 얼마나 다를까?

해결 방법은 대화이다. 누군가 불편하거나 갈등 상황이 발생하면 대화를 나누어 보는 것이 좋다. 말이 쉽지 큰 노력과 시간이 필요하다는 것은 누구나 안다.

J와 H는 결혼 5년 차다. J는 흥분하면 목소리가 커진다. 억울해도 목소리가 커지고 조절이 안 된다. H는 어릴 때 자주 싸우는 부모님 때문에 항상 주눅이 들어있었다. 그래서 큰 소리가 나는 상황이 너무 싫고, 큰 목소리는 화라고 느낀다. 부부싸움 시마다 흥분하여 말하는 J에게 H는 "왜 화를 내냐?"라고 비난한다. 서로 설명을 해도, J는 목소리를 줄이기 어렵고, H는 큰소리가 화로 느껴질 뿐이다. 의견 차이로 감정이 치달은 상태에서 이성적인 대화를 한다는 것은 어렵다. 게다가, 사고방식과 가치관 등은 살아온 시간 동안 만들어진 것이다. 단시간에 바뀌기는 어렵다. 설령 틀렸다 해도 자존심 같은 이슈들이 등장한다.

대화로 풀기는 어렵지만 충분히 가치 있는 일이다. 대화를 통해 서로의 차이를 발견하고 오해를 풀 수 있는 갈등은 불필요한 갈등일 수 있다. 그렇다면 얼마나 다행인가?

가족 그룹

부부가 자녀를 낳으면 세 명 이상의 가족이 된다. 어린 누군가가 성인이 될 때까지, 보통 20년 이상 그 가족은 유지된다. 크고 작은 다양한 형태의 가족이 있다. 화목한 가족도 있고, 구성원 각자가 독립적으로 지내는 개인적인 가족도 있다.

가족에 대해 다룰 이슈는 무수히 많겠지만, 여기서는 앞서 이야기한 부부 간 의견 차이에 대해서만 집중하고자 한다. 각 가족 안에는 그들만의 문화가 있다. 공유되는 생각과 가치관, 갈등 해결 방식 등이 존재한다. 보통 이 문화는 가족 중 가장 영향력이 큰 부모를 중심으로 형성된다.

내 가족의 좋은 점과 개선이 필요한 점을 있는 그대로 바라보면 좋겠다. 바꿀 수 없는 차이도 있고, 어떤 경우에는 한쪽이 잘못된 기준이나 패턴을 가지고 있을 수도 있다. 차이를 통해 옳고 그름을 가리는 것도 아니다. 어느 가족도 서로를 괴롭히려고 차이를 만드는 것이 아니다. 가족을 공중분해 시키겠다거나, 한 사람을 죽도록 괴롭히겠다는 마음은 없다(물론 사이코패스라면 모르겠다).

갈등의 원인이 '차이'라면 그 차이를 있는 그대로 인정할 수도 있다. 가족이 잘못된 기준과 패턴을 가져, 힘들었던 사람이라면, '내가 문제인가?'라는 자책을 많이 해왔을 것이다. '차이'나 '내 잘못이 아니다'라는 사실을 인지하는 것만으로도 마음이 한결 나아질 수 있다.

다른 가족 구성원을 바꿔야 하지 않겠느냐고? 뒤에서 설명하겠지만, 그것이 옳다고 해도 내가 누군가를 바꾸는 일은 어렵다. 대화를 통해 변화할 수 있다면 정말 좋겠다.

좋은 타인들

내 주위에 좋은 사람들이 있다는 것을 아는가? 내가 타인의 배려와 존중을 받고 있다는 것을 아는가? 없다고? 그런 사람은 없다고 생각한다. 누군가는 온 세상 사람을 미워하고 악하다고 보지만, 또 다른 누군가는 세상 사람 모두가 선하며 존중받을 만하다고 생각한다. 그래서 작은 친절이라도 베풀고 싶어 한다. 이 글을 읽는 당신도, 나 역시도 누군가에게 욕을 먹고 있지만 누군가에게 배려받고 있다. 미움받고 싶지 않다고? 욕먹는 것이 신경 쓰인다고? 그래도 상관없다. 예수님도 안티가 있고, 달라이 라마를 싫어하는 사람도 있다. 착한 사람을 오히려 위선적이라며 싫어하는 사람도 있다. 누군가 나를 싫어한다고 해서 내가 다른 사람이 되지는 않는다. 누군가 나를 바보라고 욕한다고 해서 내가 바보가 되는 것도 아니다. 상대의 말과 감정을 내 경계 안으로 받아들였기 때문에 기분이 나쁘고 상처받는 것이다. 물론 욕먹고 좋은 사람은 없다. 나 역시 그렇다. 잠깐 기분 나쁠 수는 있겠지만 그것이 전부다.

어쨌든 내가 주변 사람들로부터 받고 있는 마음을 알아차리는 것도 중요하다. 힘들수록 내 관점에서만 세상을 보게 된다. 다른 관점으로 보는 것이 어려워진다. 특히 배우자, 부모님, 자녀처럼 감정이 깊게 얽혀있을수록, 내가 힘들수록, 상대가 주는 마음을 알아채기 어렵다.

W 씨는 남편에게 가졌던 기대를 내려놓았다. 기대를 포기했다기 보다 적절한 기대를 하기로 했다. W 씨는 남편이 자신의 감정을 공감해 주기를 원했다. 자신의 기분을 이해해 주고, 얼마나 힘든지, 얼마나 노력하는지 알아주기를 바랐다. 하지만 둔한 남편은 그러지 못했다. W 씨가 어떤 순간에 섭섭한지, 어떤 순간에 이해받지 못한다고 느끼는지, 얼마나 우울한지, 화가 나는지 눈치채지 못했다. 적절히 위로하지도 못했다. 그래서 자주 싸웠다.

지금은 생각이 조금 달라졌다. 남편이 섬세하지 않고 내 감정 변화를 잘 모르는 것은 사실이다. 그러나 남편은 늘 그 자리에 묵묵히 있었다. 지금도 마찬가지다. 한결같은 마음으로 나를 바라보고 있다. 앞으로도 그럴 것이다.

남편은 자신만의 방식으로 사랑을 표현하고, 그 방법만 아는 사람이다. 그런데 W 씨는 자기가 원하는 사랑의 방식만 바라보며, 남편이 사랑을 주지 않는다고 실망하고 화를 냈다. 사랑받지 못한다고 생각했다. 지금은 남편의 사랑 방식을 조금 이해하게 되었고, 그의 사랑이 존재한다는 것도 안다. 이해받지 못한다고 느끼는 순간이 여전히 속상하지만, 전처럼 좌절스럽지는 않다. 사랑을 표현하는 방법, 상대를 아끼는 방법은 여러 가지다. 상대의 진심을 오해하거나 잘못 받아들여 갈등이 생기기도 한다. 사랑에서 진심을 주고받는 일이 중요하다.

사실: 세상

세상에 대한 인지

　세상은 다양하다. 수많은 사람이 있고, 수많은 집단이 있고, 도시가 있고, 국가가 있고, 지구가 있다. 한국 사람이라고 다 같지 않고, 서울 사람이라고 모두 같지 않다. 같은 회사 사람이라고 해서, 그 회사의 같은 연차 동기라고 해서 모두 같지는 않다.
　아이에서 어른이 되기까지, 또 어른이 된 이후의 경험들이 세상에 대한 인식에 영향을 주었을 것이다. 혹은 자신만의 뚜렷한 가치관으로 세상을 바라볼 수도 있다. 누구나 세상에 대한 막연한 생각과 느낌이 있다.

마음이 아플수록 세상이 자신에 끼치는 영향력이 커진다. 힘들수록 감정과 느낌, 타인과 사회, 세상이 하나의 덩어리처럼 느껴지기 쉽다. 특별한 일이 없더라도 심한 우울감에 빠진 사람은 세상을 비관적으로 본다. 한 사람에게 거절 받으면 마치 세상 전체가 나를 거절한 것 같은 느낌에 빠지기도 한다.

부적절한 상황에 놓이는 경우도 있다. 소수의 사람이 모인 집단일지라도 내가 겪는 세상의 전부로 여겨질 수 있다. 예를 들어, 네 명뿐인 회사에서 세 명이 늘 뒷담화를 즐기는데 나는 뒷담화가 싫다면 어떨까? 그곳에서 1년을 보냈고 하루의 절반 이상을 보내는 회사 분위기가 그렇다면 힘들 수밖에 없다. 그 분위기가 당연하게 느껴지고 버겁다. 어디든 다 똑같겠지 싶을 것이다. 내가 힘들 때면 필터를 끼고 세상을 바라보게 되거나, 부적절한 그룹에 속하거나 하는 이유로 세상에 대한 느낌이 부정적으로 확장된다. 그렇게 세상이 하나의 덩어리가 되어 더 버겁고 힘들게 다가오는 것 같다.

세상은 1인의 집합

거절을 잘 못해서 회사든 집이든 이용당할까 봐 늘 조심하는 C 군. 항상 억울한 상황에서 살아가는 K 씨. 노력한 만큼 보답받지 못했지만 그래도 세상을 믿고 싶고 좋은 세상을 만들고 싶은 Y 씨.

"세상은 차갑지. 내 편이 아니야."

혹은

"내가 속상한 일을 겪었고 내가 실수해서 그렇지, 사람들은 나쁘지 않아."

앞서 말했듯, 세상은 한 덩어리가 아니다. 사람들의 집합일 뿐이다. 지구에는 약 80억 인구가 살고, 한국만 해도 5천만이 넘으며, 서울에만 거의 천만 명이다. 이 중 일부는 못됐지만, 일부는 착하다. 또 많은 사람이 상황에 따라 착할 수도, 나쁠 수도 있다. '또 속으면 안 돼.'라는 생각으로 세상 전체를 경계한다면 아주 힘들다. 반대로 '아니야, 세상은 좋은 곳이야. 내가 오해하는 것뿐이야.'라며 세상을 지나치게 좋게만 바라본다면, 못된 사람에게 상처받을 때 얼마나 아프겠는가. 이런 사람은 다시 자기 잘못으로 돌리고 자책할지도 모른다.

거절 못하는 C 군을 이용하고 착취하는 사람은 일부에 불과하다. K 씨에게만 늘 억울한 상황이 반복될 수 있을까? Y 씨의 멋진 노력과 선한 믿음을 받는 사람 중에는 안타깝지만 남을 이용하려는 나르시시스트도 있을 수 있다.

힘든 일, 스트레스는 누구나 겪는다. 부당하게 맡은 너무 많은 회사 일, 나를 힘들게 하는 가족, 누군가로부터의 따돌림, 소송 같은 일까지 다양하다. 이러한 상황에서 스트레스를 받는 건 당연하다. 그러나 좌절, 자책, 억울함, 분노 등 감정이 실제 상황보다 더 크게 다가오는 경우가 많다.

내가 속한 그룹이 나를 괴롭힐 때, 반복되는 일이나 성격에 대한 비난을 겪으면 스스로 아니라고 생각하면서도 점점 작아질 수밖에 없다. 사실을 사실 그대로, 상황을 상황 그대로 볼 수 있다면 감정으로 인한 오해를 최소화하고 조금 더 가볍게 이겨낼 수 있을 것이다.

반향실 효과, 필터버블

반향실 효과(Echo chamber)라는 용어가 있다. 배타적 그룹에서 같은 입장의 정보에 노출되면서 그 정보가 증폭되고 강화되는 현상을 의미한다. 필터 버블(Filter bubble)은 유튜브와 같은 플랫폼의 알고리즘으로 인해 특정 관심사에만 편향된 정보가 제공되는 것을 말한다. 이는 정치 집단이나 일부 폐쇄적인 종교 집단에서 흔히 볼 수 있다. 이 경우 일부 정보가 전체로 오인되며, 외부에서 쉽게 알아채는 오류를 그룹 내부에서는 인식하기 어렵다. 즉, 사실을 있는 그대로 보기 어려운 상황이 된다.

이와 유사하게, 접촉하는 사람의 수가 제한적인 경우가 많다. 업무나 생활공간 등 그룹이 작은 상황은 생각보다 흔하다. 혼자 일하거나, 친구가 거의 없고, 혼자 생활하는 경우가 그렇다. 2~3명의 작은 그룹 안에서만 대화가 이뤄지고 외부와의 접촉이 적다면 노출되고 영향받는 가치관과 의견 역시 제한적일 수밖에 없다. 시간이 흐를수록 더욱 굳어진다. 친구가 많거나, 사람이 많은 회사에 다니거나, 서비스업 종사자라면 상상하기 힘든 일일 수 있다.

예를 들어, 다른 방송은 전혀 보지 않고 저녁 뉴스만 보는 사람이 있다고 하자. 친구가 없고 부모님과의 대화도 거의 없다. 혼자 일하므로 타인과의 만남도 드물다. 다만 뉴스를 보면서 세상을 올바르게 판단하려고 노력한다. 한 방송사의 뉴스만 보면 정치적 편향이 생길까 봐 여러 공중파 저녁 뉴스를 돌아가며 본다. 흥미가 없다는 이유로 다른 방송 프로그램은 아예 시청하지 않는다. 이 사람은 세상을 제대로 볼 수 있을까? 올바르게 보기 어렵다. 일부 상황에 대한 판단은 가능할 수 있지만, 이 사람의 정보 통로가 오직 '뉴스'라는 사실을 고려해야 한다.

뉴스라는 매체는 사건을 전달하는 것이 주목적이다. 특히 사건이 자극적일수록 사람들의 관심을 끌기 때문에 따뜻하고 행복한 사건은 거의 다루지 않는다. 전체 사건 사고 비율이 1%에 불과하더라도, 사건 사고 위주로 접한 이 사람은 '세상이 점점 각박해지고 위험해진다.'고 느끼기 쉽다. 좋은 일과 세상의 따뜻한 면모는 뉴스거리가 아니며, 가족의 평범한 사랑 또한 뉴스거리가 아니다. 결국 내가 어떤 정보에 얼마나 노출되는지가 중요하다. 예를 들어 3년 동안 공포나 스릴러 영화만 본 시나리오 작가가 있다면, 가슴 따뜻한 드라마의 스토리를 쉽게 떠올릴 수 있겠는가?

M 씨는 프리랜서로 일한 지 4년 차다. 부모님은 지방에 살고 형과는 친하지 않았다. 내향적인 그는 잦은 전학으로 깊이 사귄 친

구도 없고, 굳이 만들 생각도 없다. 가장 가까운 친구는 책과 부인뿐이다. 부인은 고집이 세고 자기주장이 강해 옳고 그름에 대한 생각이 확실하며 융통성이 부족한 편이다. 사실 부인 역시 친구가 거의 없다. M 씨는 어떤 고민이든 부인과 상의하지만, 최종 결정은 스스로 내리려고 노력한다. 소소한 행복을 느끼며 현명하게 살아가는 것이 그의 목표다.

얼마 전 몇 안 되는 지인 중 한 명과 심하게 다퉜다. 중요하게 여긴 문제라 부인에게 상의했다. 지인이 개인적으로 힘든 상황임을 알고 있던 M 씨는 먼저 화해를 청할지 고민했다. 부인은 친구의 잘못이 더 크니 사과를 받아야 한다며, 한 번 숙이면 계속 무시당할 것이라고 강경하게 말했다. 평소 자기주장을 잘 못 하고 속앓이만 하던 M씨는 부인의 의견에 수긍해 화해 제스처를 멈췄다.

그러나 사실 지인은 M 씨를 무시하지 않았다. 개인적인 힘든 상황으로 여유가 없어 M 씨와 오해가 생겼던 것뿐이다. 서로 대화가 끊어지자 오해는 굳어졌고, 10년의 우정은 끝이 났다.

M 씨가 조언을 구할 곳은 부인뿐이었다. 어떤 경우에는 부모님이나 몇 명의 친구만이 조언자일 수 있다. 만나는 사람이 적은 사람일수록 중심을 잘 잡고 있는지 스스로 잘 돌아봐야 한다. 작은 종교 단체에서도 일어날 수 있는 일이며, 소규모 회사에서도 마찬가지다. 조직이 작고 정상적인 분위기라면 괜찮겠지만, 영화 《눈먼 자들의 도시

(Blindness, 한 명을 제외한 다른 사람들이 모두 눈이 먼 세계에서 벌어지는 일을 그렸다.)》처럼 틀린 것이 당연한 분위기가 되어버릴 수 있다. 만약 5명 중 4명이 야부하는 회사에 다섯 번째 직원이 된다면, 그 직원은 비위를 맞추지 못한다고 비난받거나 무시당하기 쉽다. 능력 있는 사람이 나머지 넷에게 계속 일 못한다는 말을 듣게 된다면, 그 말을 1년 내내 듣는다면 과연 어떻겠는가.

좋은 세상의 존재

층간소음 때문에 화를 내고 폭력까지 휘두른 뉴스가 나왔다. 살인까지 저지르기도 한다. 어딘가에서는 전쟁이 벌어지고, 집단 해고가 있으며, 미투(Me too) 운동이 일어난다. 몇 년 동안 억울한 누명을 쓰고 고통받는 사람도 있다.

뉴스는 그저 사건을 전달하는 매체다. 긍정적인 사건은 거의 보도되지 않는다. 많은 선행이 조용히 이뤄지며, 착한 사람 중 다수는 이를 알리지 않는다. 영화 〈쉰들러 리스트〉만 해도 영화화되기 전까지 얼마나 많은 사람이 그 리스트의 존재를 몰랐을까? 홀로코스트 시절 독일 비밀경찰에게 밀고한 사람들도 많았지만, 몰래 유대인을 돕는 사람들 역시 많았다. 쉰들러처럼 영화화되거나, 이순신처럼 위인전으로 남는 경우도 있지만, 기록되지 않은 무수히 많은 사람의 작은 선행 역시 존재했다. 지금도 여전히 선행은 이뤄지고 있다. 몰래 이루어지는 기부도 많다. 자신이 손해 보더라도 타인의 행복을 바라는 사람들이 곳곳에 숨어 있다.

거창한 선행만이 아니다. 우리 일상에서도 작은 일들이 있다. 모르는 사람이 문을 잡아주는 일, 급한 상황에서 받은 작은 양보, 물건을 고를 때 점원이 아닌데도 친절히 도와주는 사람 등. 혹은 실제 범죄율을 확인해 보고 우리 주변에서 이뤄지는 배려와 작은 선행을 비교해 보자. 내가 느끼고, 생각하는 세상은 사실에 가까운가?

사실: 사건

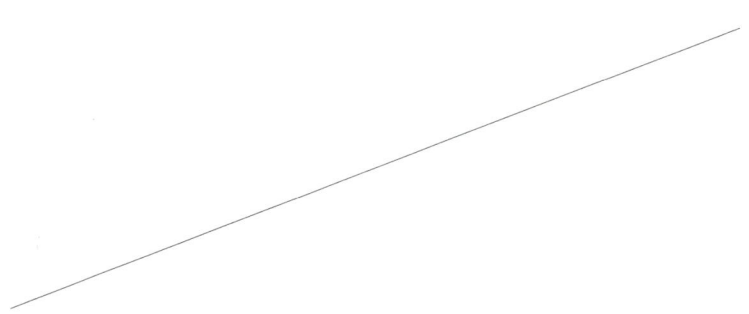

편안하게 아무 생각도 안 하고 있는데 갑자기 화가 나지는 않는다. 감정의 변화를 느꼈다면, 마음이 힘들다면 반드시 그 원인이 있다. 원인을 사건이라고 부르고자 한다. 현재 나의 감정에 영향을 미치는 사건을 찾아보자. 물론 그 이면에 과거의 문제가 숨어 있을 수 있다. 그러나 심리학 전문가가 아니라면 현재의 요인부터 찾는 것이 순서상 옳고 더 쉽다.

사건의 구조

불편하고 기분 나쁜 일은 어떻게 바라봐야 할까?

1. 마음과 감정을 확인한다.

그 감정에 영향을 준 사건을 찾는다. 감정이 언제부터였는지 시간을 따라가면 쉽게 찾을 수 있다. 사건의 등장인물은 누구이며 어떤 상황인지, 그리고 왜 그런 감정을 느끼는지 확인한다.

2. 사건의 크기, 즉 감정에 미치는 정도를 점검한다.

사건을 찾아가는 방법

- 어떤 감정인가?
- 언제부터였는가?
- 그 무렵 무슨 일이 있었는가?
- 왜 그런 상황이 생겼는가?
- 왜 그 감정을 느끼는가?

예시.1

질문	내용
기분이 어떤가?	불쾌하고 짜증이 난다.
언제부터였는가?	아침에 아이 유치원 버스 기사에게도 짜증이 났다. 일어날 때부터 이미 기분이 좋지 않았다.
어제 무슨 일이 있었는가?	어제저녁 남편과 싸웠고, 그 이후로 계속 기분이 나빴다.
왜 싸웠는가?	아이 친구 문제를 의논하는데 남편이 제대로 듣지도 않고 내 탓을 했다. 아이가 나를 닮아서 성질부터 부린다고, 내가 교육을 잘못하고 오냐오냐 키웠다고 했다.

질문	내용
왜 불쾌하고 짜증 나는가?	비난받았기 때문이다. 남편은 늘 나를 비난한다.

이 사건은 남편과 있었던 일이며, 남편에게 비난받은 상황이다. 힌트를 따라가면 비슷한 패턴을 발견할 수 있을 것이다.

예시.2

질문	내용
기분이 어떤가?	창피하다. 내가 못나 보인다. 어제 발표를 너무 못했다. 전날 늦게까지 준비했는데, 교수님 앞에서 발표하려니 너무 긴장되어 머릿속이 하얘졌다. 준비한 것의 반의반도 말하지 못했다.
언제부터였는가?	어제 발표 때부터였다.
무슨 일이 있었는가?	교수님 앞에서 발표하다가 긴장해서 제대로 하지 못했다.
왜 긴장했는가?	친구들 앞에서는 괜찮은데, 교수님 앞에서는 떨린다. 전에 그 교수님에게 크게 혼난 적이 있고, 이후로 교수님 앞에서 긴장하고 주눅 든다.

사건은 어제의 발표가 상황이지만, 근본적인 사건-상황은 그 교수님에게 혼난 일이다.

예시.3

질문	답변
기분이 어떤가?	불안하다.
언제부터였는가?	오늘 점심때도 불안했다. 출근 때는 괜찮았으니 오전부터였다.
어제 무슨 일이 있었는가?	업무 메일을 확인하다 지난 팀별 프로젝트 결과가 좋지 않은 걸 봤다. 팀장님이 짜증 낼 것 같아 걱정되었다.
왜 불안한가?	팀장은 남에게 화풀이를 한다. 누군가 나에게 화를 내면 당황스럽고 도망가고 싶어진다.
언제부터 그랬는가?	초등학교 때는 별 기억이 없는데, 중학교 때부터 그런 것 같다.

처음엔 깨닫지 못했지만, 프로젝트 성적이 안 좋아 팀장이 화풀이할까 봐 불안한 상황이다. 힌트를 따라가면 초-중학교 때의 사건을 발견할지도 모른다.

나에게 영향을 주는 사건을 볼 수 있게 되면, 나를 도울 힌트를 따라갈 수 있다. 그러기 위해서는 내 감정을 먼저 알아야 한다. 감정을 통해 사건을 알았다면, 그다음 할 일은 사건의 크기를 판단하는 것이다. 내가 느끼는 감정의 크기가 사건의 크기와 적절히 맞는지 보자.

예시1에서, 남편과의 말다툼으로 인한 짜증이 지나쳐 버스 기사와 유치원 선생님과 언성을 높여 싸웠다면 적절한가?

예시2에서, 한 달에 한 번 있는 과제 발표로 긴장하여 구토할 정도라면 적절한가?

예시3에서, 평소 1등 하던 팀이 이번에 10개 팀 중 3등을 했다고 팀원이 공황발작을 겪었다면 적절한가?

적절하지 않다면, 숨어 있는 힌트를 따라가야 한다.

감정을 알고,
사건(상황)을 알자.
그리고 사건의 크기를 보자.

트라우마

트라우마는 우리에게 익숙한 단어다. 위에서는 일상의 사건들을 다루었지만, 이것보다 더 힘든 사건들도 있다. 큰 사건이라면 어느 정도일까? 뒤에서 다시 다루겠지만, 트라우마는 생명의 위협을 느끼거나 실제 위협이 되는 사건이다.

심각한 사건을 겪지 않고 지내온 사람도 있지만, 반면 심각한 일을 겪은 사람들도 많다. 그런데 큰 사건을 겪었음에도 스스로를 충분히 위로하고 돌보기보다는 자신을 다그치는 경우가 많다.

'지난 일이야.' '괜찮아.' '이제는 괜찮아져야지.' '다들 겪는 일이야.'

'이렇게 약해서는 안 돼.' 스스로를 재촉하는 말들을 자신에게 던진다. 예를 들어, 심한 부부 갈등으로 이혼한 분이 있다고 하자. 심적 고통이 너무나 컸지만, 이혼했으니 이제 괜찮아야 한다고 자신을 몰아붙인다면 어떨까?

앞서 사건의 크기에 대한 감각을 키웠다면, 이제는 알아챌 수 있을 것이다. 힘든 일을 겪고 그 일이 해결되었다고 해서, 그 사건에 얽힌 감정까지 깨끗하게 사라지는 것은 아니다. 사건은 해결되었지만, 사건으로 인한 감정까지 완전히 해결된 것은 아니기 때문이다.

작은 트라우마(Small trauma)

앞서 이야기한 트라우마는 큰 사건(big Trauma, big T)이다. 하지만 작은 사건들도 트라우마가 될 수 있다. 이를 작은 트라우마(small Trauma, small T)라고 부른다.

예를 들어 '뚱뚱하다, 살 좀 빼라.' '네가 그렇지 뭐.'와 같은 일상적인 비난, 친구들 사이의 미묘한 고립이나 소소한 괴롭힘 등이 있다. 이러한 작은 트라우마들이 반복적으로 쌓이면 결국 커다란 덩어리가 된다. 어린 시절 지속적으로 겪은 작은 트라우마들은 성인이 되어 한 번 크게 겪은 트라우마보다 더 깊고 큰 영향을 미칠 수 있다.

특히 어린 시절은 매우 약하고 민감한 시기다. 지속적인 대인관계 상처는 크든 작든 아이에게 영향을 미쳐 자존감과 정체성 형성에 문제를 일으킬 수 있다. 이러한 트라우마들이 계속 축적된 것을 복합 트라우마라고 부른다.

이러한 일들은 성인이 되어서도 겪을 수 있다. 직장 상사의 반복된 비난, 친구의 지속적인 무시나 비난, 배우자의 빈번한 비판 등이 축적되면 트라우마가 될 수 있다. 비교적 건강한 어린 시절을 보낸 사람은 정서적으로 더 강할 수 있다. 이런 비난을 받더라도 자신을 지키고 상황에서 벗어날 힘을 가지고 있다. 그러나 힘든 어린 시절을 겪어 마음의 힘이 충분히 성장하지 못한 사람은 스스로를 지키기 어렵고 쉽게 상처받는다.

복합 트라우마(Complex PTSD)

지금 설명하고자 하는 단어는 바로 복합 트라우마다. 무관심(방임), 학대, 좌절감 속에서의 반복적인 노출, 보호받지 못한 괴롭힘 등 지속적으로 축적된 경험들이 바로 복합 트라우마를 형성한다.

이런 경험들이 쌓이면 자존감도 성장하기 어렵고, 자기감도 잘 발달하지 못한다. 또한, 타인과 살아가는 법도 배우기 어렵고 자신을 구제하는 방법도 잘 알지 못하게 된다. 이렇게 되면 자신에 대한 혼란스러움, 수치심, 감정의 폭발, 우울, 불안, 외로움, 공허함, 대인관계의 어려움 등을 겪기 쉽다.

스스로는 특별한 일을 겪지 않았다고 생각하면서도 '왜 이렇게 힘들지?'라는 생각을 자주 하게 된다. 밖으로 분노나 짜증을 표현하는 사람도 있고, 안으로 우울과 자책에 빠져들기도 한다. 어느 쪽이든 자기 비난은 심하다.

참 안타까운 일이다. 누구도 크든 작든 트라우마를 선택하지 않았다. 큰 트라우마든 작은 트라우마든, 선택하지 않은 상황에서 상처를 받는다. 안타깝고 속상한 일이다. 그러니 자신을 도와도 된다는 것을 기억하자. 도움을 요청해도 된다는 것을 알았으면 좋겠다. 이유를 모른 채 힘들다면 그냥 힘들어도 된다는 것을 알았으면 한다. 하지만 힘든 상태를 그냥 방치하지 말고, 힘든 이유를 찾고 자신을 도와주자. 혼자 힘들다면 타인의 도움을 받아도 괜찮다.

DSM5(진단)의 트라우마

《DSM-5 정신질환의 진단 및 통계 편람》에 의한 외상후스트레스장애(PTSD)의 진단 기준(A)은 다음과 같다.

- 실제적이거나 위협적인 죽음, 심각한 부상, 성폭력 등에 직접 노출된 경험
- 타인이 겪는 사건을 직접 목격한 경험
- 가족, 가까운 친척, 친한 친구에게 일어난 사건을 알게 된 경험
- 직업상 혐오스러운 사건의 세부 사항에 반복적으로, 지나치게 노출된 경험(변사체 처리자, 아동 학대 사건 담당 경찰관 등)

정신건강의학과에서 사용하는 진단 체계에서는 위와 같은 심각한

상황을 PTSD 진단 기준으로 삼고 있다. 여기서 말하는 트라우마란 전쟁, 납치, 인질, 테러 공격, 고문, 극심한 폭력, 자연재해, 심각한 사고와 같은 외상성 사건을 의미한다. 그러나 한국에서 실제로 접하게 되는 트라우마의 유형들은 느낌이 조금 다를 수 있다. 다음과 같은 상황들을 예로 들 수 있다.

- 심각한 피해를 입히거나 성폭력의 위협이 되는 협박
- 실제적인 성폭력 또는 성적 강압의 경험이나 목격
- 생명이 위급할 정도의 의학적 응급 상황(심근경색, 알레르기 쇼크 등) 경험이나 목격
- 경찰관, 응급구조대원, 기자 등 사건에 반복적으로 노출되는 직업인들

최근의 사례로 이태원 사고를 떠올릴 수 있다. 현장에 있었던 사람들, 목격자들, 출동한 구조대원들, 취재 기자들뿐만 아니라 미디어를 통해 반복적으로 접하며 강렬한 정서적 충격을 받은 사람들 역시 영향을 받았을 것이다. 이분들의 마음이 괜찮아졌기를 바라며, 다시는 이러한 비극이 반복되지 않기를 소망한다. 아래의 리스트로 스스로 간단히 점검해 보자.

- 사건과 관련된 기억이나 생각이 지속적으로 떠오르는가?

- 사건과 관련된 자극을 지속적으로 회피하는가?
- 사건 이후 인지적 변화나 부정적인 기분 변화가 있는가?
- 과각성, 지나친 놀람, 긴장감으로 인한 불면 등의 어려움이 나타나는가?
- 자신이 몸과 분리된 듯하거나 비현실감을 경험하는가?

증상이 나타나는 기간 역시 중요하다. 큰 사건일수록 초기 며칠 동안은 정상적인 반응일 수 있으나, 한 달 이상 지속된다면 꼭 전문가의 도움을 받아야 한다.

사건이나 트라우마에 대한 반응이 사람마다 다른 이유

큰 트라우마를 경험하더라도 약 5명 중 1명 정도만 PTSD로 발전한다고 알려져 있다. 작은 사건의 경우는 어떨까? 지나치게 사소하다면 대부분 사람은 쉽게 털어낼 수 있겠지만, 그 강도가 점점 커질수록 반응은 달라진다. 같은 사건을 경험했는데도 사람마다 반응과 느끼는 고통의 정도가 다르다. 왜 그런 것일까?

앞서 언급한 대로 사람마다 타고난 능력과 특성이 다르다. 사람마다 힘든 상황을 받아들이고 대처하는 방식이 제각기 다르다. 또한 개인마다 고통을 견딜 수 있는 정도, 즉 마음의 그릇 크기도 다르다. 지금까지 살아오며 마음에 쌓여온 짐의 크기도 다를 것이다. 비슷한 크기의 그릇을 가진 사람들이라도 이미 그 안에 담긴 것이 많다면 그릇에 여유가 없는 것은 당연하다. 처한 환경도 다르다. 주변 사람들이 도와줄 수 있는 환경인지, 스스로를 돌볼 여력이 충분한 상황인지, 아니면 너무 힘들고 여유 없는 현실 속에 있는지 등 조건이 모두 다르다. 그러므로 사람마다 반응과 고통의 정도가 다를 수밖에 없다.

증상, 질환, 방어기제의 이해

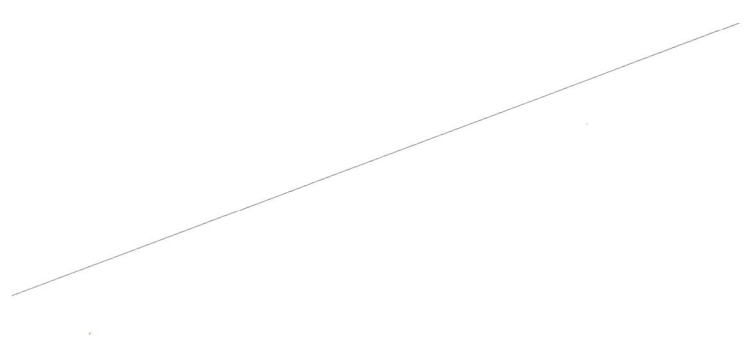

방어기제

사람마다 자신을 돕는 방법이나 힘든 상황에 대처하는 방법이 다르다. 우리는 성장하며 다양한 일을 겪는다. 그 와중에 나름의 대처법을 무의식적 또는 의식적으로 선택한다. 선택과 수정을 반복하며 그것이 자신의 방법으로 자리 잡는다.

C 양은 실수하거나 잘못하면 부모님께 크게 혼났다. 그러나 거짓말로 상황을 넘기면 부모님은 곧 잊어버리고 문제 삼지 않았다.

성적이 나빠도, 선생님이 알림장에 지적을 해도, 부모님에게 적당히 둘러대면 쉽게 넘어갈 수 있었다. C 양은 당장의 모면이 효과적이라는 것을 반복적으로 경험했다. 시간이 흘러 C 양이 힘든 상황에서 주로 선택하는 대처법은 무엇이겠는가?

반면 A 군의 부모님은 매우 엄격했다. 하지만 아무리 큰 잘못이라도 솔직히 고백하고 용서를 구하면 받아들여 주었다. 어려운 일이 생겼을 때도 부모님께 솔직하게 도움을 청하면 항상 도와주었다. A 군은 어려운 상황에서 어떻게 대처하겠는가?

심리학에는 '방어기제'라는 용어가 있다. 스포츠 게임에서의 방어와 다를 바 없다. 한쪽에서 공격을 받으면 다른 쪽에서 방어를 한다. 우리의 마음도 비슷하다. 마음의 평온이 공격받을 때는 방어가 필요하다. 누군가는 힘든 이유를 찾고, 누군가는 남 탓을 한다. 누군가는 "별일 아니다."라며 상황을 축소하고, 누군가는 긍정적인 면을 찾아보려 애쓴다.

사람마다 자주 사용하는 방어기제가 있다. 이를 아는 것은 자신을 돕는 데 매우 유용한 정보이자 중요한 힌트가 될 수 있다. 방어기제의 종류에는 억압, 지식화, 투사, 감정 격리, 유머 등이 있다. 방어기제는 마음이 힘들 때 자신을 보호하기 위한 방법이다. 어떤 순간에는 하나가 아닌 여러 가지 방어기제가 복합적으로 작용하기도 한다. 유머, 승화, 이타주의 등은 성숙한 방어기제에 속하고, 감정 억압이나 회피 등은 방어기제이지만 장기적으로는 나를 힘들게 할 수도 있다. 늘 성숙한 방어기제가 항상 옳은 것은 아니며, 감정 억압이나 회피 같은 미성숙한 방어기제도 때로는 내가 감당할 수 있을 때까지 문제를 잠시 미뤄 두는 긍정적인 역할을 할 수 있다.

방어기제의 종류들

유형	방어기제 (영어)	설명
자기중심	투사 (Projection)	받아들이기 어려운 자신의 문제나 결점을 외부의 탓으로 돌리는 것.
	부정 (Denial)	존재하는 위험이나 불쾌한 현실을 부정해 편안한 상태를 유지하는 것.
	왜곡 (Distortion)	외부 현실을 자신의 바람에 맞게 변형해 받아들이는 것.
미숙한	행동화 (Acting out)	충동이나 욕구를 억제하지 않고 즉각적인 행동으로 표현하는 것.
	차단 (Blocking)	사고나 감정이 잠시 중단되는 것. 억압과 달리 긴장이 동반됨.
	건강염려 (Hypochondriasis)	받아들이기 어려운 감정이 신체 손상이나 통증으로 나타나, 책임 회피와 죄책감 감소 효과를 얻지만 스스로 고통스럽게 된다.
	내재화 (Introjection)	사랑하거나 미워하는 대상의 특성을 자기 것으로 만드는 것.
	동일시 (Identification)	중요한 인물을 닮으려는 것. 건강한 인물일 때는 긍정적이지만, 부정적 대상일 경우 문제가 된다.

유형	방어기제 (영어)	설명
신경증적	수동공격성 행동 (Passive-aggressive behavior)	화나 분노를 직접적이지 않고 수동적으로 표현하는 것. 예: 지연 행동, 약속 잊기 등.
	퇴행 (Regression)	스트레스 상황에서 현재 나이보다 어린 단계로 되돌아가는 것.
	신체화 (Somatization)	타인에 대한 부정적 감정이나 자책이 신체 증상으로 나타나는 것.
	통제 (Controlling)	불안감을 해소하려고 상황이나 타인을 조절하려는 것.
	전치 (Displacement)	불편한 감정을 원래 대상이 아닌 다른 사람에게 표현하는 것.
	해리 (Dissociation)	고통스럽고 갈등을 느끼는 마음이 통합되지 못하고 분리되며, 때로는 인격 분리가 나타남.
	참기 (Inhibiting)	불안을 피하려고 감정이나 행동을 참는 것.
	지식화 (Intellectualization)	받아들이기 어려운 감정이나 욕구에 논리를 부여해 불편함을 덜 느끼게 하는 것.
	격리 (Isolation)	고통스러운 생각이나 기억에서 감정을 분리하는 것.
	합리화 (Rationalization)	사회적으로 용납할 수 없는 행동에 대해 그럴듯한 이유나 설명을 붙이는 것(무의식적으로 이루어짐).
	반동형성 (Reaction Formation)	용납하기 어려운 감정을 반대로 행동하여 표현하는 것.
	억압 (Repression)	사회적으로 바람직하지 않은 욕구, 충동, 생각을 무의식적으로 억누르는 것. 주로 수치심이나 죄책감과 관련됨.

유형	방어기제 (영어)	설명
	분리 (Splitting)	흑백논리처럼 좋고 나쁨을 극단적으로 나누는 것(경계성 성격에서 흔함).
	자기 탓 (Turning against self)	타인(특히 사랑하는 사람)에 대한 분노를 자기 탓으로 돌리는 것(우울증 환자에게서 흔함).
	취소 (Undoing)	무의식적 충동이나 그로 인한 피해를 없애려고 행동하는 것. 예: 죄책감이 들 때 손 씻기 등.
	반복강박 (Repetition Compulsion)	실패한 행동을 경험에서 배우지 못하고 계속 반복하는 것.
성숙한	이타주의 (Altruism)	자신의 욕구를 희생하고 다른 사람을 도우면서 만족감을 느끼는 것.
	예기 (Anticipation)	앞으로 닥칠 정신적 고통을 예측하고 준비하는 것.
	유머 (Humor)	불편한 감정을 자신과 타인 모두가 불쾌하지 않게 우스갯소리로 표현하는 것.
	승화 (Sublimation)	용납되지 않은 충동을 건설적이고 사회적으로 유익한 활동으로 전환하는 것.
	억제 (Suppression)	받아들이기 싫은 욕구나 기억을 의식적으로 미루거나 눌러두는 것(억압과 달리 의식적임).

민성길,김찬형, 최신정신의학, p162 - 64 참고

참고만 해도 좋지만, 자신이 주로 사용하는 방어기제는 어떤 것인지 찾아보고 알아두면 좋다. 나를 힘들게 하는 방어기제도 있고, 좋은 방어기제도 있다. 무엇이든 내 경험에서 무의식중에 선택된 것들이며,

성숙하지 못한 방어기제라고 하더라도 결국 스스로를 지키려는 노력이다.

회피는 맞닥뜨리기 힘든 상황을 피하는 것이다. 잊으면 편하고 다루지 않아도 되기 때문이다. 회피를 잘하면 잘 잊기도 하고 억압이 일어나기도 한다. 당장은 고민과 갈등이 사라지니 좋다. 그러나 긴 시간을 놓고 보면 결국 큰 손해다. 피한 문제가 작아질 수는 있어도 해결되지 않은 채 내 마음에 쌓이기 때문이다. 이렇게 쌓인 문제는 언젠가 감당 못 할 만큼 커져 터진다. 이래도 정말 괜찮겠는가?

불안은 마음을 돕는다

공황장애, 우울, 트라우마, 중독 등 여러 아픈 증상은 사실 내 무의식과 몸이 나를 도우려는 결과다. 열이 나서 힘들다면 내 몸 어딘가에서 면역 반응이 일어나, 몸을 지키려는 싸움을 하고 있는 것과 같다. 불안 역시 마찬가지다.

힘든 일이 반복되면 어떻게 될까? 힘든 감정을 스스로 돌봐주지 않으면 어떻게 될까? 어느 정도 시간이 지나면서 줄어들 수 있지만 큰일일수록 마음에 깊이 남는다. 마음 한편에 쌓여 있다가 감당하기 어려운 정도가 되면 결국 우울이나 불안으로 튀어나온다. 예기치 않은 우울과 불안은 다시 힘듦을 키운다.

'사실'은 이 악순환에 개입해 멈추게 할 수 있다. 실제로 그 사람이 느껴야 할 정도의 감정은 얼마였을까? 부족하거나 의지가 약해 작은 일에 힘들어진 것인가? 전혀 아니다. 누구나 그럴 수 있다.

나도 글을 쓰는 나 역시 책을 쓰는 중간에도 가족과 서운함으로 다투었다. 지나고 보니 별것 아니었고 흥분했다고 생각했다. 지금은 무슨 일인지조차 기억나지 않는다. 일상의 작은 일도 그렇지만, 큰일은 더욱 그렇다. 큰일일수록 일부러 꺼내기도 불편하고, 누군가와 얽힌 일이라면 더욱 이야기하기 어렵다. 적당히 넘어가면 마음에 남는다. 결혼한 사람이라면 배우자와 크게 다투었다가 화해한 일이 많을 것이다. 크게 다툴 때는 서로 그만큼의 이유가 있고 확고했을지 모른다. 이런 갈등은 쉽게 풀리지 않고, 적당히 넘어가도 비슷한 다툼이 반복된다.

내가 느낀 감정의 크기, 사실은 별것 아닌 경우도 많다. 다투는 순간 적절한 정도를 볼 수 있다면 어떨까? 순간 어렵더라도 빨리 알아차릴수록 상대와 화해가 쉬워지고 마음도 가벼워질 것이다. 큰일일수록 뿌리가 깊고 여러 순간에 영향을 미친다. 자신을 도와 짐을 덜어낼 수 있다면 얼마나 좋을까? 어떤가. 도와줄 만하지 않은가?

> B 씨의 남편은 매일 폭음을 한다. 집에 와서 짜증을 내고, 가족들이 받아주지 않으면 소리를 지른다. B 씨나 아이가 한 말에 자존심이 상한다며 물건을 던지기도 한다. 술에 취하지 않은 평소에도 B 씨에게 "게으르다", "뚱뚱하다", "다른 아내는 돈도 잘 벌고

예쁘고 요리도 잘한다.", "우리 엄마는 셋을 혼자 키웠다. 넌 하나도 못 하냐?" 등의 말을 한다. B 씨는 신혼 때까지는 날씬하고 잘 꾸미고 다녔다. 맞벌이하다 아이가 생기면서 전업주부가 되었다. 지방에 사는 양가의 도움을 받을 수 없었고, 이모님을 고용할 형편도 아니었다. 아이가 돌이 지나기 전까지는 밤에 통잠을 자지 못했다. 집안일과 육아를 하느라 외모는커녕 마음 편히 앉아 식사할 시간도 없었다. 남편은 일이 많다며 늦게 퇴근했고, 잠을 설치면 짜증이 심해 밤 육아도 함께할 수 없었다. 술을 마시고 들어오는 일이 잦았다.

B 씨의 일상이다. 집안일과 육아를 하고 남편의 핀잔과 화를 듣는다. 남편 말처럼 다른 엄마들은 자기보다 예쁘고 자기 관리를 잘한다고 생각한다. 외출할 자신감이 떨어지고 주눅이 든다. 아침에 눈을 뜨면 반복되는 집안일과 육아에 답답하고 막막하다. 이런 마음이 드는 것 자체가 아이에게 미안하다. 내가 못나서 이런 것 같아 우울하고 참담하다.

B 씨에게 사실이란 무엇일까? 다른 엄마들 역시 양가의 도움을 받거나 시터를 고용하는 경우가 많다. 물론 슈퍼우먼처럼 다 해내는 사람도 있다. 하지만 B 씨가 슈퍼우먼과만 자신을 비교하는 것이 옳았을까? 비교당하는 것이 옳았을까? '엄마'는 10개월 가까운 임신 기간 동안 신체 변화와 호르몬 변화를 견디며 실제 무거운 몸을 지고 살아간

다. 출산이라는 힘든 과정을 거친 뒤, 몸조리와 함께 곧바로 육아를 시작한다. 밤에 깨는 아기를 달래느라 제대로 잘 수도 없다. 하루가 온통 아기에게 맞춰져 항상 대기 상태다. 아기의 작은 울음소리만으로도 필요를 알아내야 한다. 거기에 청소, 빨래, 장보기, 식사 준비까지 해야 할 일도 많다. 아이가 크면서 해줄 것도 점점 달라지고, 이유식 같은 소소한 일은 묻기도 애매하다. 다른 엄마들은 다 타고난 것처럼 느껴진다.

과거 어머니들은 자녀가 많았다. 정말 슈퍼우먼이었다. 하지만 당시엔 아이가 조금 울거나 아파도 가볍게 넘겼다. 지금은 조금만 울거나 아파도 모두 해결하려고 애쓴다. 또 과거엔 친척들이 주변에 많아 육아를 함께 했다. 모르는 것은 할머니나 친척에게 묻기 쉬웠고, 엄마가 외출할 때도 주변에서 아이를 도왔다.

사실은 육아의 고됨을 축소하지 말자는 것이다. 아이를 낳는 것은 소중한 과정이자 선물이다. 그렇다고 힘든 것을 무시해서는 안 된다. 아기는 소중한 선물이고, 육아는 버거울 수 있다. 그래도 된다. 힘들어도 된다. 힘들다고 손을 놓을 사람은 없다. 엄마의 힘듦도 스스로 알아주고, 받을 수 있는 도움은 고맙게 받아도 괜찮지 않을까?

질환들

주요 우울장애 (Major Depressive Disorder, 우울증)

주요 우울장애는 삶 전반에 먹구름이 낀 듯 지속적인 슬픔과 흥미 상실이 최소 2주 이상 이어지는 질환이다. 기분이 가라앉고 세상이 빛바랜 것처럼 느껴지며, 수면이나 식욕의 변화, 극심한 무기력, 집중력 저하, 자신에 대한 부정적인 생각 등이 동반되어 일상 기능에 큰 지장을 준다. 단순한 기분 탓이 아닌 질병으로서의 우울이며, 적절한 치료를 통해 회복될 수 있다.

자가점검 체크리스트:
- 요즘 마음에 늘 먹구름이 낀 듯 하루 대부분 우울하고 공허한 기분이 계속되나?
- 한때 좋아하던 일들이 이제는 빛을 잃은 것처럼 즐겁지 않게 느껴지나?
- 사소한 일에도 쉽게 짜증이 나거나 화를 폭발시키는 일이 잦아졌나?
- 밤에 잠들기 힘들거나 자꾸 깨는 등 불면에 시달리거나, 반대로 아무리 자도 피곤할 정도로 많이 자고 있나?
- 늘 에너지가 바닥난 듯 지쳐 있고 작은 일도 버겁게 느껴지나요?
- 식욕 변화로 체중이 크게 줄었거나 늘었나? (예: 입맛이 없어

거의 먹지 않거나, 혹은 폭식하는 자신을 발견하나요.)
- 가슴이 불안하게 들썩이거나, 반대로 온몸이 납처럼 무겁게 느껴져 행동과 생각이 굼뜬가?
- 자신이 무가치하다고 느껴지거나 지나치게 자신을 탓하는 죄책감에 사로잡혀 있나?
- 집중이 잘되지 않아 책을 읽거나 일을 끝맺는 데 어려움을 겪고 있나?
- 차라리 사라져 버리고 싶다는 생각이나 죽음에 대한 생각이 자주 떠오르나?

공황장애 (Panic Disorder, 공황 발작)

공황장애는 예고 없이 갑자기 밀려오는 극심한 공포 발작(공황 발작)이 반복되는 불안장애다. 심장이 미친 듯 뛰고 숨이 막히며 땀이 나는 등의 발작이 몇 분 만에 정점을 찍고, 그 동안에는 마치 죽을 것 같거나 미쳐버릴 것 같은 두려움에 사로잡힌다. 이후에는 또다시 발작이 올까 늘 불안해하며, 이러한 발작을 피하기 위해 생활 반경을 좁히거나 특정 상황을 회피하게 될 수 있다.

자가점검 체크리스트:
- 특별한 이유 없이 갑작스럽게 극도의 공포가 파도처럼 밀려온 적이 있나? (심장이 두근거리고 숨이 가쁘며 식은땀이 나는 등)

- 공황 발작이 올 때 숨이 막히고 가슴이 아프거나 어지러워서 응급실에 갈 정도로 두려운 신체 증상을 겪나?
- 발작 중에 "이대로 죽는 건 아닐까?", "미쳐버릴 것 같다."는 공포를 실제로 느끼나?
- 한 번 심한 발작을 겪고 나서, 언제 또 올지 몰라 하루 종일 그 걱정에 사로잡혀 있나?
- 혹시 또 발작이 올까 봐 사람 많은 장소나 낯선 곳을 피하려 하고 있나?
- 발작 이후에는 온몸에 힘이 빠지고 탈진된 느낌이 오래 가나?
- 항상 만약을 대비해 도망칠 출구를 미리 확인하거나, 믿을 만한 동반자가 없으면 불안한가?
- 발작 중에 주변이 비현실적으로 느껴지거나, 내가 아닌 것 같은 이질감을 느낀 적이 있나?
- 심한 가슴 통증이나 저림 등의 증상으로 검사했지만 이상 없다는 진단을 받은 적이 있나?
- 이러한 공황 발작의 반복으로 인해 생활 습관이나 이동 범위에 변화가 생겼나? (예: 운동이나 카페인을 피함, 집에만 있으려 함)

강박장애 (Obsessive-Compulsive Disorder, OCD)

강박장애는 원치 않는 불안한 생각이나 이미지가 머릿속에 침투하여 떠나지 않고 계속 반복되며, 그 불안을 잠재우기 위해 특정 행동 의식을 거듭 수행하게 되는 병이다. 예컨대 손에 세균이 묻었을까 걱정되어 손을 씻고 또 씻거나, 문을 잠갔는지 확신이 안 서 여러 차례 확인하는 식으로 행동하게 된다. 머리로는 이러한 생각과 행동이 과도하다는 것을 알아도, 하지 않고는 견딜 수 없는 악순환의 굴레에 빠지기 때문에 일상생활에 큰 지장을 초래한다.

자가점검 체크리스트:
- 원하지 않아도 불안한 생각이 머릿속을 떠나지 않아 고통스러운가? (예: "세균에 오염되었을지도 몰라." 같은 생각이 계속 떠오름)
- 그런 불안감을 잠재우기 위해 특정 행동을 반복해야 마음이 놓이나? (예: 손을 여러 번 씻기, 문단속을 거듭 확인하기)
- 이러한 행동이나 의식이 지나치다고 느끼면서도 멈출 수 없나?
- "이건 너무 과해."하고 스스로 알면서도, 하지 않으면 큰 일이 날 것 같은 불안에 휩싸이나?
- 강박적인 생각과 행동 때문에 일상생활이나 인간관계에 문제가 생기고 있나?
- 머릿속에 들러붙은 생각이 껌처럼 눌어붙어 떨어지지 않아, 다른 일에 집중하기 힘들 정도인가?
- 불안한 생각을 지우기 위해 속으로 숫자를 세거나 기도하는 의식을 치른 적이 있나?

- 물건을 완벽히 대칭이 되게 놓아야 하거나, 특정 숫자까지 세지 않으면 불안해서 견딜 수 없나?
- 주변 사람들이 보기에도 내가 지나치게 예민하거나 행동을 반복한다고 걱정한 적이 있나요
- 하루 중 상당한 시간을 이러한 강박적인 생각과 행동에 빼앗겨 지치곤 하나?

알코올 사용 장애 (알코올 의존, Alcohol Use Disorder)

알코올 사용 장애는 술을 마시는 양과 빈도를 조절하지 못하고, 술에 대한 집착이 생기며, 술 때문에 문제가 발생해도 계속 마시는 상태를 말한다. 점점 더 많은 양의 술이 필요해지고(내성 발생), 줄이거나 끊으면 손 떨림이나 불안 같은 금단 증상이 나타날 수도 있다. 흔히 알코올 중독으로 불리며, 일상생활과 건강 전반에 심각한 위해를 초래하는 질병이다.

자가점검 체크리스트:
- 술을 마시기 시작하면 처음 계획했던 것보다 더 오래 또는 더 많이 마시게 되나?
- "이젠 술을 줄이자."라고 결심해 봐도 번번이 실패하고 있나?
- 술을 구하거나 마시거나 숙취에서 회복하느라 많은 시간을 보내고 있나?

- 술을 마시지 않을 때 술 생각이 간절해서 참기 어려울 때가 있나?
- 음주 때문에 직장이나 학교, 가정에서의 중요한 책임을 소홀히 한 적이 있나?
- 건강에 이상 신호가 오거나 가족과 갈등이 생겨도, 결국 술을 끊지 못하고 계속 마시나?
- 예전에 즐기던 취미나 활동을 포기하거나 줄이고 그 시간에 술을 마시는 일이 잦아졌나?
- 취한 상태로 운전을 하거나 물가 등 위험한 상황에서 음주를 한 적이 있나?
- 예전보다 같은 효과를 내려면 더 많은 술이 필요해졌나? (취하려면 이전보다 많이 마셔야 하나?)
- 술을 갑자기 끊거나 줄일 때 손 떨림, 식은땀, 불안 등의 금단현상을 겪거나, 이런 증상을 없애기 위해 다시 술을 마신 적이 있나?

성인 ADHD (주의력결핍·과잉행동장애)

성인 ADHD는 주의 집중의 어려움, 충동적 행동, 과도한 불안정성(안절부절못함) 등의 만성적인 증상이 나타나는 신경발달장애로, 대인관계나 직장 생활에 지속적인 어려움을 줄 수 있다. 어릴 때 시작된 증상이 성인이 되어서도 남아 있는 경우로, 성장하면서 과잉행동은 다소 줄어들 수 있지만 충동성, 내적 초조함, 집중력 부족은 여전히 계속

되어 삶에 영향을 미친다. 성인 ADHD 당사자는 자신의 노력이 게으르거나 의지 부족 때문이 아님을 이해하고, 필요하다면 전문가의 도움을 받아볼 필요가 있다.

자가점검 체크리스트:

- 해야 할 일 앞에 앉으면, 머릿속이 열 개의 인터넷 창을 띄운 컴퓨터처럼 산만해져 한 가지에 집중하기 어렵나?
- 일이나 대화를 시작해도 곧 딴생각으로 흐르고, 결국 끝까지 마무리하지 못하는 경우가 많나?
- 메모와 알림을 설정해도 약속을 깜빡 잊거나, 물건을 어디 두었는지 기억하지 못하는 일이 잦나?
- 책상이나 방이 늘 어수선하고 할 일이 산적해 있어도, 어디서부터 손대야 할지 몰라 발만 동동 구르나?
- 회의 중이거나 오래 자리에 앉아 있어야 할 때 다리를 가만두지 못하고, 중간에 자리를 뜨고 싶은 충동을 느끼나?
- 충동 조절이 어려워 남의 말이 끝나기 전에 끼어들거나, 필요 없다는 걸 알면서도 즉흥 구매를 한 적이 있나?
- 사소한 일에도 쉽게 흥분하거나 짜증이 치밀어, 감정 조절에 어려움을 느끼나?
- 시간을 관리하고 계획을 세우는 데 어려움이 있어, 마감 직전에 허둥지둥 일을 끝내거나 지각하는 일이 많나?

- 스스로 창의적이거나 똑똑하다고 생각하지만, 산만함 때문에 재능을 다 펼치지 못한다는 답답함을 느끼나?
- 일상생활을 유지하기 위해 남들보다 두 배로 노력해도, 산만한 마음 때문에 늘 버거운 느낌이 드나?

각 장애가 의심되거나 많은 항목에 해당한다면 전문가와 상담하여 정확한 평가와 도움을 받는 것이 좋다. 도움을 요청하는 것은 용기이며, 적절한 치료와 지원으로 충분히 호전될 수 있다. 항상 당신의 잘못이 아니며 혼자가 아니라는 점을 기억하자.

마음과 몸의 연결

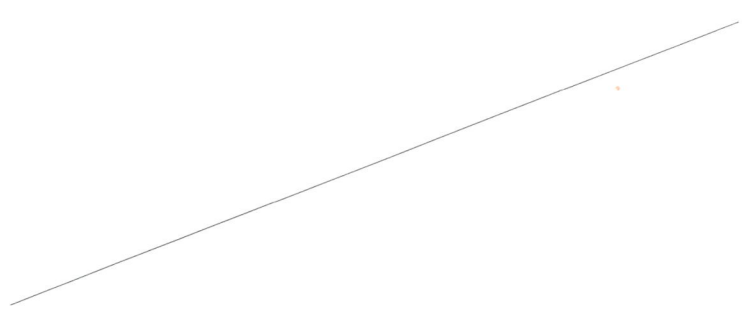

감정과 몸

상대의 표정과 어투, 말의 표현과 몸짓, 자세 등으로 알 수 있을 것이다. 기분은 여러 형태로 드러난다. 생각해 보자. 기분은 마음에서만 끝나는가? 몸과 연결되어 있지 않은가? 타인의 기분을 인지하는 형태를 살펴보면 몸의 표현이 큰 비중을 차지한다는 걸 알 수 있다.

옆의 동료가 주변을 살피며 조심스럽게 행동하고 있다. 어깨가 긴장되어 있고 편안한 자세를 취하지 못한 채 계속 손발을 움직인다. 이를 본다면 불안한가? 무슨 일이 있는가? 싶을 것이다. 이 반응들은 교감신경계가 과도하게 작동하고 있는 상태로 볼 수 있다. 불안 반응이 심해지면 땀을 흘리고 머리가 멍해지며, 깜짝깜짝 놀라기도 한다.

감정이 힘들 때 몸의 컨디션은 어떤가? 잠깐의 스트레스는 괜찮지만, 만성 스트레스는 건강에 나쁜 영향을 미친다는 것을 누구나 안다. 여러 연구에서 밝혀졌고 수치로 확인할 수 있지만, 스트레스를 정확히 수치화하기도 어렵고 개인마다 차이도 있다. 만성 스트레스로 암에 걸린 것 같다고 추정하지만 장담할 수는 없다. 지구가 둥글다는 위성사진처럼 확실한 증거가 없기 때문이다.

아무리 검사해도 원인이 밝혀지지 않은 증상들이 있다. 의심되는 질환이 없고 심리적인 요인인 것 같다는 진단을 들은 사람도 있을 것이다. 신체화 증상이라고 부른다. 물론 아직 밝혀지지 않은 신체적 문제가 있을지도 모르지만, 신체화 증상은 몸과 마음이 연동하는 좋은 예다.

감정은 몸과 긴밀하게 연결되어 있다. 특히 자율신경계로 설명하기 쉽다. 자율신경계(autonomic nervous system)는 부교감신경계와 교감신경계로 이루어져 있다. 병원 진료실 등에서 자율신경계의 그림을 본 적이 있는가? 부교감신경과 교감신경이 소화기관 등 장기에 미치는 영향이 알려져 있으며, 과거엔 마음과의 연관성은 막연하게만 생각했다.

다미주 이론(Polyvagal Theory, 스티븐 W. 포지스)은 자율신경계를 통해 우리 몸의 반응과 감정 상태, 사회적 교류 상황을 설명해 준다.

교감신경(sympathetic nervous system)
혈압, 심박수, 혈류량을 증가시켜 몸의 움직임을 돕는다. 활동성에 기여하며 벌떡 일어날 때 어지럽지 않은 것이 교감신경 덕분이다. 불안이나 공포 상황에서 자신을 지키도록 활성화된다. 교감신경이 과도하게 활성화된 대표적인 상황이 공황발작이다.

등 쪽 미주신경(dorsal vagal complex, 유수 미주신경)
교감신경의 흥분을 억제하는 브레이크 역할을 한다. 잘 작동하면 안정감을 잘 느끼는 상태가 된다.

배 쪽 미주신경(ventral vagal complex, 무수 미주신경)
뇌, 간과 연결되어 있으며, 위험 상황에서 얼어붙는 반응을 일으킨다.

바닷가 모래사장에서 편안히 누워 있는 상태라면 등 쪽 미주신경이 균형 있게 작동하는 상태이다. 아이가 태권도를 열심히 배우고 있다면 교감신경이 열심히 일할 것이고, 큰 목소리로 말싸움하는 두 행인도 교감신경이 활성화된 상태다. 고양이 앞에 얼어붙은 쥐를 상상해보자. 등 쪽 미주신경도, 교감신경도 제대로 작동하지 못하고 배 쪽 미주신경만 작동하는 상태다.
부모는 아기를 안아 편안한 상태(등 쪽 미주신경 활성)로 이끌어준다. 이때 부모 역시 편안한 상태(등 쪽 미주신경 활성)이다. 부모가 불안하고 초조하다면(교감신경 활성) 아이도 불안해진다. 비언어적 교감 형태 중 하나다. 부모님의 습관을 내가 가지고 있다고 느낀 적이 있는가? 습관만이 아니라 감정도 무의식 중에 전달되고 배운다. 마음 상태 역시 무의식 중에 배울 수 있다.

세 신경 모두 나 자신을 위해 존재하며 중요하다. 신경전달물질의 양, 영양소, 몸무게, 잠의 양 등 모든 것이 그렇듯 중요한 것은 밸런스다. 만일 등 쪽 미주신경만 작동한다면(물론 불가능하지만) 교감신경이 주는 활동성을 얻지 못할 것이다. 교감신경이 대부분의 역할을 한다면 늘 긴장 상태여서 안정감을 느끼기 어려울 것이다. 배 쪽 미주신경이 우세하다면 큰일이다. 활동적이고 능동적인 컨디션을 유지하기 어렵고, 미주신경성 실신을 경험할 수도 있다. 몸과 감정의 어떤 반응이든 모두 나를 돕기 위한 것이다. 등 쪽 미주신경은 나의 안정감을 돕는다. 교감신경은 나의 활력을 돕는다. 배 쪽 미주신경은 신생아 시기부터 나를 지탱해주었다. 나를 나쁘게 하려는 것은 없다. 모두 나를 돕고 있다. 힘들다면 더 나은 길을 찾지 못한 것뿐이다.

스트레스

스트레스는 자신의 능력과 자원으로 해결하기 어려운 상황에서 발생한다. 스트레스를 유발하는 요소는 심리적일 수도 있고 신체적일 수도 있다. 사람, 상황, 사건일 수도 있으며, 시험이나 대출금 상환과 같은 미래의 일이 될 수도 있다. 오랜 기간 이어지는 약한 스트레스가 있는가 하면, 짧고 강한 스트레스도 있다.

감정적인 문제에는 감정으로, 신체적인 문제에는 신체로 반응하며 자신을 돕는다. 늦은 밤 골목길에서 5m 앞에 강도를 만났다고 상상해보자. 당신의 몸 상태는 어떻겠는가? 온몸이 긴장되고 땀이 나며 안절부절못할 것이고, 머릿속이 하얘질지도 모른다. 소위 말하는 '싸우거나 도망치거나(fight or flight)' 상황이다. 스트레스를 받으면 몸에서는 스트레스 호르몬을 분비해 반응을 일으킨다. 주로 교감신경계의 반응이다. 이때 즉시 중요하지 않은 소화, 생식, 면역 등의 기능은 떨어뜨리고, 혈압과 심박수, 산소 운반, 사용 가능한 에너지를 증가시킨다. 동시에 공포, 긴장, 불안, 분노와 같은 감정을 느낀다. 싸우거나 도망치는 상황에서도 작용한다. 결정을 통해 생존할 수 있기 때문이다.

현재 우리의 DNA는 몇만 년 전 인간이 동물에게 쫓기며 살았던 시대와 크게 다르지 않다. 쉽게 변하지 않기 때문이다. 당시에는 신체적 스트레스에 반응해야 생존할 수 있었다. 현대에는 정신적 스트레스가 더 많아졌지만, 몸은 이를 구분하지 못하고 같은 스트레스 반응 시스템을 작동시킨다. 그래서 정신적 스트레스에도 몸의 스트레스 반응이 발동하며, 이 반응이 극단적으로 나타난 것이 공황 발작이다. 참 불편한 시스템이지만, 우리 몸이 원래 그렇다. 이해해 주어야 한다. 스트레스의 신체 반응은 다음과 같다.

자율신경계

급성 스트레스 상황에서 시상하부-뇌하수체가 자극되고, 교감신경이 활성화되어 부신수질에서 에피네프린과 노르에피네프린이 분비된다. 이로 인해 심박출량 증가, 혈압 상승, 빈맥, 어지러움, 불안, 발한, 빠른 호흡, 근육 긴장, 혈당 증가 등이 나타난다. 만성 스트레스의 경우 고혈압이나 심장 질환을 유발할 수 있다.

내분비계

시상하부-뇌하수체-부신이 자극되어 코티솔이 분비된다. 이로 인해 전해질 불균형, 탄수화물 대사 장애, 면역 기능 저하, 테스토스테론 감소, 성장 호르몬 증가 등이 나타난다.

면역계

코르티코스테로이드가 림프구와 자연살해세포의 활동을 억제해 면역 질환 가능성을 높일 수 있다.

이쯤 되면 스트레스가 없는 게 낫지 않을까? 적절한 스트레스는 반드시 필요하다. 만약 스트레스가 전혀 없다면 몸도 마음도 성장할 수 없다. 우리 주위에는 수많은 세균과 박테리아, 다양한 물질이 존재한다. 장과 피부에도 정상 세균이 많다. 엄마 뱃속에서부터 조금씩 세균과 물질에 노출된 덕분에 면역 체계가 익숙해져서 지금 우리가 괜찮은 것이다. 만약 강아지를 인공 자궁에서 태어나 멸균 상태로 1년간 키운 뒤 세상에 내놓는다면 어떻게 될까? (물론 실제로 하지는 않겠지만, 잠시만 상상해보자.) 아마 강아지는 세상에 나오자마자 균에 바로 병들 것이다.

여성이라면 피부과의 시술에 대해 익숙할 것이다. 피부에 일부러 미세한 상처(스트레스)를 주어 피부를 자극하면, 피부가 그 자극에 반응해 더 좋아지는 시술이다. 하지만 상처가 너무 깊고 크면 흉터가 남는다. 이와 같은 이치다.

이런 원리는 신체에만 적용될까? 만약 당신에게 백조 원과 바라는 것을 모두 이루는 능력이 주어졌다고 상상해보자. 아무것도 할 필요 없이 원하기만 하면 이루어진다. 처음엔 모든 것을 쉽게 이루며 신날 것이다. 하지만 몇 년, 몇십 년이 지나면 반드시 한계가 온다. 영화 〈트와일라잇(Twilight, 2008-2012)〉에 뱀파이어가 나온다. 능력도 뛰어나고 영생을 누리지만, 결국 지루해하며 삶의 자극을 찾는다. 수많은 영화에서 영생을 가진 존재는 지루함을 견디지 못해 무언가 자극적인 것을 찾고, 한다. 스트레스도 비슷한 역할을 한다. 적절한 스트레스는 성장과 발전을 위한 좋은 자극이자 동기부여가 된다. 건강한 삶을 위해서는 적절한 스트레스가 필요하다.

스트레스의 대응과 관리

결론부터 말하면, 스트레스 대응 능력과 관리 능력은 키울 수 있다. 신체적 부분이 아닌, 정신적 부분에 집중해야 한다는 점을 고려하자. 앞서 말했던 감정 파트에서 자신의 감정을 확인해 볼 수 있었을 것이다. 스트레스의 정도가 어느 정도인지 파악했는가? 또한, 자신이 주로 사용하는 대응 방식도 인지할 수 있었을 것이다. 과거의 힘들었던 일과 당시 자신의 반응, 대처법을 떠올려 보면 현재 자신의 대응력과 관리 능력을 추측할 수 있다.

자신이 현재 스트레스를 받고 있는지, 어느 정도인지 인지하자. 스트레스에 약한 사람도 있고 강한 사람도 있다. 또한 사람마다 스트레스에 특히 취약한 부분과 강한 부분이 조금씩 다르다. 최근 많이 언급되는 회복탄력성(resilience)은 앞서 말한 그릇과 비슷한 개념이라고 할 수 있다. 그릇의 크기와 회복탄력성도 함께 파악한다면, 현재 나의 상태를 보다 정확히 알 수 있고, 스스로를 도울 적절한 시점을 발견할 수 있다.

자신의 감정과 마음이 안정되지 않았다면, 이를 도울 방법을 찾자. 아무런 아이디어가 없다면 간단히 운동이나 산책, 명상이나 마음챙김(mindfulness)와 같은 방법부터 시도해 보는 것이 좋다. 스트레스 상황에 놓였다면 적극적으로 대응법을 키우도록 하자.

신체화

앞서 언급한 것처럼, 감정과 몸은 긴밀히 연결되어 있다. '만병의 원인은 스트레스'라는 말은 익숙할 것이다. 정신적 영역인 스트레스가 몸의 아픔을 키운다. 그러나 정신신체 증상과 신체화 증상은 비슷해 보이지만 차이가 있다.

정신신체 증상은 실제 분명한 신체적 문제가 동반된 상태로 고통이 따르는 경우가 많다. 주로 자율신경계와 관련된 신체 부위나 장기에서 나타난다.

신체화 증상은 마음의 갈등, 어려움, 불만 등이 심리적 노력만으로 해소되지 않아 신체 증상으로 나타난 경우다. 고통이 커서 일상생활이 어렵고, 주로 통증과 연관된다.

두 가지 모두 신체적으로 드러나며 고통스럽다는 점에서 비슷하고, 모두 도움이 필요하다는 점에서 다르지 않다.

앞서 '그릇'에 대한 설명을 기억하는가? 개인이 감당할 수 있는 그릇의 크기보다 더 많은 스트레스가 쌓일 때(혹은 그릇이 작아졌을 때), 힘듦이 넘쳐 흐르기 시작한다. 대개 우울, 불안, 강박, 음주 등으로 나타난다. 감정 표현이 어려운 사람일수록, 감정이 아닌 다른 방향으로 스트레스가 표출될 가능성이 크고, 자율신경계의 불균형으로 나타나는 신체 증상이 될 수 있다. 마음속에 쌓인 어려움을 풀지 않고 신체 증상만 해소할 경우, 다른 정신신체 증상으로 옮겨 갈 수 있다.

잠 (《우리는 왜 잠을 자야 할까》, 매슈 워커 참조)

인간에게 잠은 필수다. 뇌에 많은 도움도 준다. 기억력 강화, 창의력 향상, 식욕 조절, 암과 치매 예방, 우울과 불안 감소 등 열거하기 힘들 정도로 많은 혜택이 있다.

일상을 살아가는 우리는 많은 정보를 습득한다. 이 정보는 해마에 저장되는데, 이를 파악하고 분류하여 묶는다. 잠은 얕은 비렘수면(꿈을 꾸지 않는 잠), 깊은 비렘수면, 렘수면(꿈을 꾸는 잠) 등의 단계가 있다. 비렘수면 단계에서 수면 방추(sleep spindle, 2~4단계의 수면 시간 동안 분당 2~5번 정도 관찰되는, 낮은 진폭과 12~14Hz의 주파수를 가진 뇌파, 서울아산병원)가 나타나는데, 이는 해마에서 대뇌피질로 정보가 이동하며 장기기억으로 저장되는 현상으로 추정된다. 운동 기억 또한 마찬가지다. 필요 없는 기억은 삭제되는 망각도 수면에 일어난다. 수면을 통해 기억할 것은 기억하고 잊을 것은 잊어야 새로운 기억을 받아들일 수 있는 공간이 생긴다.

불면을 호소하는 경우, 보통 불면 자체보다 우울이나 불안으로 인한 경우가 많다. 몸이 긴장되어 이완되지 못하면 숙면을 취하기 어렵기 때문이다. 이때는 불면이 아니라 불안을 먼저 다루는 것이 더 효과적이다.

꿈의 역할

꿈은 주로 렘수면 단계에서 꾼다. 여러 연구에 따르면 렘수면 동안 감정과 기억에 관련된 뇌 부위들이 활성화된다. 편도체와 기억 관련된 해마 등이다. 꿈을 길게 꿀수록 감정 회복에 도움이 된다. 연구자 카트라이트는, 고통스러운 문제를 꿈에서 선명하게 경험한 사람이 실제 그 문제에서 벗어나 우울과 절망을 이겨냈다는 사실을 밝혀냈다. 꿈은 힘든 기억을 처리하고 돕는 역할을 한다.

잠의 각 단계는 각자의 고유한 역할과 기능을 갖고 있다. 만약 잠자는 시간을 줄인다면 어떻게 될까? 잠의 효과도 줄어들 것이다. 그러나 문제는, 수면 초반에는 얕은 잠이 많고, 후반부에 렘수면이 집중되어 있기 때문에 시간을 줄이면 렘수면이 크게 감소할 수 있다는 점이다. 잠자는 시간을 아까워하지 말자. 잠의 모든 혜택을 누릴 수 있도록, 충분하고 적절한 시간 동안 잠을 자도록 하자.

3장

사실보기

한 가지 꼭 반복해서 전달하고 싶은 내용이 있다.
내 감정, 내 생각, 내 몸, 내 반응, 내 증상들, 지금 발견하는 것들과 변화시키고 싶은 모든 것들이 나를 돕기 위한 과정에서 생겨났다. 우리는 지금, 더 나은 길을 찾는 과정에 있을 뿐이다.

바라보기

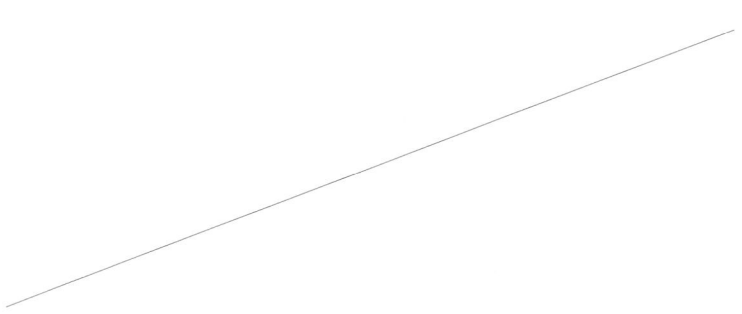

무엇을 바라봐야할지 알아야 파악이 쉬워질 것이다. 첫 시작은 현재 상태, 즉 감정을 깨닫는 일이다. 돕고 싶은 현재 자신 를 바라보자. 마음이 불편하기에 스스로를 돕고 싶은 것이 분명하다면 불편한 감정은 무엇인가? (좋은 감정도 바라보고 파악하기를 권한다. 좋은 감정을 알아야 더 잘 느끼고, 풍부하게 만들 수 있기 때문이다!)

감정 깨닫기

내 감정을 잘 모르겠다면 앞에 나왔던 감정표를 다시 보자.
감정이 잘 파악되지 않는다면, 다음의 질문을 따라가 보자.

- 어떤 감정을 느끼는가?
- 언제부터였는가?
- 그즈음 무슨 일이 있었는가?
- 왜 그 상황이 생겼는가?
- 왜 그 감정을 느끼는가? 그 감정은 나를 어떻게 인지하게 하는가? 그 감정에서 어떻게 느껴지는가?

언제부터였는지를 거슬러 올라가 보자. 오늘 하루 종일이었는가? 오늘 중이라면 발견할 것이다. 아침부터였다고? 그럼 어제는 어땠는가? 오후는? 오후 내내였다면 오전은? 며칠 된 감정인지 따라가 보자. 잘 모르겠다면 2장의 사건 구조 예시를 다시 보자. 유발 요인을 찾았다면 그 요인이 최소 단위인지 다시 한번 확인하자.

현재인가, 과거인가?

최근의 문제인지, 과거부터 있던 문제인지 생각해 보자.

큰 사고를 당해 생긴 문제라면, 혹은 난 행복하고 편안하게 살고 있었는데 못된 사람이 등장해서 나를 괴롭히고 있다면, 누구든 내 상황이라면 같은 어려움을 겪을 거라고 생각된다면, 그것은 현재의 문제일 수 있다.

하지만 내가 아닌 다른 사람이라면 이 정도로 힘들지 않을 거라는 생각이 든다면, 이는 과거에서 시작된 문제일 가능성이 높다. 이미 오래전부터 있었던 문제로 인식되는 것도 있을 것이다. 이때는 반드시 과거의 자신을 도와야 한다. 앞선 예시대로 따라왔다면 조금은 짐작이 되었으리라 생각한다. 따라가기 순서는 동일하다. 과거의 시점을 찾았다면 그때로 다시 쫓아가자.

예시.1

언제부터	아침부터 이미 짜증이 났다.
무슨 일	전날 남편과 싸웠다.
싸운 이유	아이 친구 문제로 대화 중, 남편이 제대로 듣지 않고 내 탓을 했다. 아이가 나를 닮아 성질부터 부린다고, 교육을 잘못했다고 비난했다.
불쾌한 이유	남편이 나를 비난했기 때문. 남편은 늘 나를 비난한다고 느낌.
과거 추적 (언제부터)	신혼 때부터 시작되었음.
과거 사건	시어머니와의 갈등이 컸다. 혼수가 부족하다고 핀잔을 주고, 시댁 일을 돕기를 요구했다. 이로 인해 시댁에 가지 않으려고 핑계를 대면서 남편과도 사소한 갈등이 생기기 시작했다.
근본 원인	남편에게 비난받는 현재의 문제는 신혼 때부터 시작된 시어머니와의 갈등에서 비롯된 것이다.

예시.2

기분이 어떤가?	창피하다. 내가 못나 보인다. 어제 발표를 너무 못했다. 전날 늦게까지 준비했는데, 교수님 앞에서 발표하려니 너무 긴장돼 머릿속이 하얘졌다. 준비한 것의 반의반도 말하지 못했다.
언제부터였는가?	어제 발표할 때부터다.
무슨 일이 있었는가?	교수님 앞에서 하는 발표였다.
왜 긴장했는가?	친구들 앞에서는 괜찮은데 그 교수님 앞에서는 떨린다. 그 교수님에게 크게 혼난 적이 있다. 그 이후로 그분 앞에만 가면 긴장되고 주눅이 든다.
언제부터 그랬나?	교수님과 있었던 연구 관련 일 이후부터다.
무슨 일이 있었나?	교수님이 중요한 손님들 앞에서 내가 준비한 자료로 발표하시다 창피를 당하셨다. 내가 핵심 항목의 이름을 잘못 적어 오류가 났고, 손님들이 지적했다. 이후 교수님이 연구 학부생들 앞에서 소리를 지르며 크게 혼냈다. 창피해서 친구들 얼굴을 볼 수가 없었다. 그날 일이 반복해서 떠오른다.
정리된 결론	창피하지만 돕고 싶었고, 어제 발표가 원인 사건이다. 힌트를 따라가 교수님과의 일을 떠올렸다.

예시.3

기분이 어떤가?	불안하다.
언제부터였는가?	오늘 점심때도 그랬다. 출근할 때는 괜찮았으니 오전부터였다.
어제 무슨 일이 있었는가?	업무 메일을 확인하다 지난 팀별 프로젝트 결과를 봤다. 결과가 좋지 않았다. 팀장님이 짜증 낼 것 같아 걱정됐다.
왜 불안했는가?	팀장은 남에게 화풀이를 잘한다. 누가 나에게 화를 내면 당황스럽고 도망가고 싶다.
언제부터 그랬나?	어릴 때부터였던 것 같다. 초등학교 때는 별 기억 없는데 중학교 때부터 그런 것 같다.
중학교 언제부터였을까?	중학교 입학 때는 괜찮았다. 아, 중2 때 일일지도 모르겠다. 잊고 있었다.
무슨 일이 있었나?	같이 놀던 그룹이 있었다. 한 명이 선생님 책상 위 시험지를 훔쳤는데 내가 누명을 썼다. 부모님과 선생님께 크게 혼났다. 너무 힘들어서 누가 훔쳤는지 말했는데, 그 친구도 화가 나서 나를 때렸다. 우리 반 싸움 1등인 아이였다.
어떤 감정이었나?	친구에게 맞은 게 부끄러워서 누구에게도 얘기하지 못했다. 혼난 뒤라 부모님과 선생님께 말도 하지 못했다.
부끄러움을 느낄 때 자신은 어떤 사람처럼 느껴졌나?	어디에도 도움을 청할 수 없었다. 세상에 혼자인 것 같았다. 또 맞을까 봐 두렵고 괴롭힘당할까 불안했다. 친구를 배신한 것 같아서 친구 할 가치도 없고, 부모님의 사랑을 받을 자격도 없는, 가치 없는 사람처럼 느껴졌다.
정리된 결론	불안을 인지한 뒤 팀장님과의 프로젝트 일을 발견했다. 힌트를 따라가 중2 때의 사건을 찾아냈다. 잘 따라갔다면 처음 시작된 감정으로 돌아가 다시 자세히 살펴보는 것이 좋다.

도와줘야할 감정을 찾았다면, 그 감정에 영향을 주는 사건을 발견하고 힌트를 따라간다. 잘 따라갔다면 마지막으로 그 감정과 느낌을 다시 한번 확인한다. 그다음, 사건의 크기를 살핀다. 사건의 크기에 알맞은 정도의 감정적 불편함을 겪고 있는가?

소분하기 (짐 나누기)

사건 발견에서 중요한 점 중 하나는 사건을 명확하게 꺼내는 것이다. 그러기 위해서는 뭉쳐져 있는 사건 덩어리를 작게 나누어야 한다.

회사에서 스트레스를 받는 B 씨는 상사의 괴롭힘 때문에 힘들다. 이유 없는 비난과 지적에 불안 발작까지 겪는다. 벌써 반년이 지나 괴롭다. 막연히 이직을 고민하기도 했다. 더 물어보니 두 달 전 진급 시험에서 두 번째 탈락했다. 자신보다 고과가 낮던 동기가 아버지의 연줄로 진급했다고 생각하니 억울했다. 사실 이 회사는 B 씨가 원하는 직종이 아니었다. 부모님이 대기업 입사를 간절히 원해 걱정하는 마음에 열심히 준비해 입사했지만, 본래 하고 싶은 일은 디자이너였다. 게다가 4개월 전 어머니가 넘어져 고관절 골절 수술을 받았고, 동생과 함께 번갈아 간병하느라 힘들었다.

B 씨가 호소한 것은 '회사 스트레스'였다. 보통 이렇게 큰 덩어리로 인지하기 쉽다. 하지만 세부적으로 나누어 보면, 사건은 '상사의 괴롭힘'뿐 아니라 '진급 탈락', '부당한 회사 분위기', '적성에 맞지 않는 업무', '어머니 간병' 등으로 나눌 수 있다.

- 회사 스트레스 → 상사의 괴롭힘
- 진급 탈락
- 동기의 부당 진급 (부당한 회사 사회)
- 적성에 맞지 않는 일
- 어머니 간병 (이 사건 역시 어머니가 아픈 마음, 가족 갈등 등으로 나눌 수 있을지도 모른다.)

이처럼 각각의 사건을 개별적으로 보는 것이 중요하다. 덩어리진 하나의 문제로 보면 해결이 어렵다. 수학과 지구과학 성적이 낮은 학생이 전체 평균만 보고 해결책을 찾으면 효과적이겠는가? 회사에서 다섯 제품 중 두 가지 제품의 재고만 쌓이는데 전체 매출만 보고 해결 방법을 찾을 수 있겠는가?

사건을 나눌 때 고려할 점이 있다.

현재의 문제가 과거로부터 시작된 경우, 현재의 사건과 과거 사건을 함께 살펴야 한다. 현재 사건에서 느낄 만한 스트레스 정도를 구분하고, 근본 원인은 과거에서 찾는 것이 맞다. 이미 벌어진 과거의 사건 자체를 없앨 수는 없지만, 지금 시점에서 객관적으로 바라보는 것은 가능하다.

질환 또는 신체 증상에서의 사건 나누기

신체화 증상이나 정신신체 장애가 본인의 이야기처럼 느껴진다면 이 점을 꼭 생각해 주기 바란다. 예를 들어 과민성 대장 증후군으로 잦은 설사를 겪거나 아토피로 고생하는 경우가 있다. 이런 경우, 반드시 <증상·질환>과 이로 인해 발생한 <마음>을 구분해서 바라봐야 한다. 예를 들어 아토피 환자의 경우, 가려움과 긁어서 생긴 상처로 인한 고생, 외모 중심 직업적 요구에 따른 좌절감, 밤의 불면과 그로 인한 피로감, 지속되는 좌절과 자신감 저하 등이 있을 수 있다. 다음과 같이 나눌 수 있다.

<증상·질환>: 가려움, 불면으로 인한 불편
<마음>: 반복된 좌절과 자신감 저하

대부분 이 두 가지는 하나로 묶여 아토피라는 전체로 인지된다. 그러나 이 두 가지는 별도의 문제다. 누군가는 아토피 없이도 마음의 문제만을 겪기도 하고, 누군가는 심한 아토피가 있지만 마음의 문제는 없을 수도 있다. 또 어떤 이는 증상과 마음의 두 가지 문제를 모두 겪

고 있을 수도 있다.

당신은 어떤가? 증상·질환이 있는가? 있다면 <증상·질환>과 <마음> 중 무엇을 갖고 있는가? 두 가지 모두 가지고 있다면 스스로 묻고 싶다. 마음이 가벼워지고 싶은가?

이렇게 작게 나누어 봤다면, 앞서 이야기한 대로 현재만의 문제인지, 과거에서 시작된 문제인지 확인하자.

자신에 대한 인지: 핵심 믿음과 느낌

사건을 나눈 뒤에는 반드시 자신에 대한 인지를 살펴야 한다. 이는 사실을 왜곡해서 보고 있는지 판단할 힌트가 된다.

작은 단위로 나눈 사건마다 자신에 대한 인지를 찾아보자. 잘못된 신념이나 사고, 자신에 대한 부정적 인식 등이 무의식 속에 숨어 있다. 이들을 발견하면 무엇을 도와야 할지 명확해진다. 부당한 고통을 인지하고 자신을 도울 수 있는 기회를 얻는다.

핵심믿음, 스키마

심리학에 관심이 있다면, 인지행동치료(Cognitive Behavioral Therapy, CBT)와 핵심 믿음(Core Belief)을 들어봤을 것이다. 인지행동치료란 생각(인지)이 감정과 행동에 영향을 미친다는 것을 바탕으로 한다. 생각과 행동 패턴을 이해하고, 오류가 있는 부분을 수정함으로써 감정적 고통을 줄이고 건강한 삶을 살 수 있도록 돕는 치료 방법이다.

핵심 믿음 혹은 스키마(schema)는 개인의 의식이나 무의식에 깔린 신념이나 규칙으로, 사고방식의 오류를 의미한다. 잘못된 믿음이 내 마음 안에서 단단하게 자리 잡고 있다면, 의식적으로 아무리 옳은 판단을 하려 노력해도 어긋날 수밖에 없다.

만약 물리학 계산을 하는데 중력이 없다는 믿음을 가지고 있다면 제대로 계산할 수 있을까? 초등학생이 성인과 같은 판단력을 가졌다고 믿는다면, 아이에게 화를 낼 수밖에 없을지 모른다. 모든 사람이 자신과 같은 감정 반응과 가치관을 가졌다고 믿는다면, 타인을 이해할 수 없고 실망과 상처가 반복될 것이다.

인지 오류

우리는 보통 의식적으로 생각하지 않고, 무의식적으로 사고방식을 형성한다. 이 점 때문에 '내가 이렇게 생각했구나.'라는 깨달음이 생기기도 한다. 괜찮다. 무의식적으로 자동화된 사고방식이기 때문이다.

한편으로는 이런 사고방식을 포기하면 안 될 것 같은 찜찜함이 들 수도 있다. 그러나 이러한 인지 오류들도 삶의 어느 순간에는 돕는 역할을 한다. 예를 들어, 큰 실수로 곤란했던 경험이 있다면, "난 늘 실수하는 사람이야."라는 과잉 일반화로 스스로를 위로했을 수 있다(자책과 비슷하긴 하지만). 어린 시절 겪은 부당한 상황들을 "내가 잘했으면 겪지 않았을 거야, 내 잘못 때문이야."라고 생각하면, 자책은 하더라도 세상이 원래 나쁜 곳이 아니라 살 만한 곳이라고 느껴졌을 수도 있다. 또한 타인에게 섣불리 낙인을 찍으면, 실망하거나 상처받는 순간을 줄일 수 있었을 것이다. 이처럼 모든 인지 오류는 원래 나를 보호하려는 역할에서 시작되었다. 하지만 이제는 더 나은 방법을 찾을 때가 되었다.

인지 오류	설명 및 예시
극단적 사고 (흑백논리)	좋거나 나쁜 것으로만 나누고 중간이 없다. 예) 성공하지 못하면 실패한 것이다.
과잉 일반화	한 번 안 좋은 일이 생기면 계속 반복될 것이라 단정한다. 예) 회사에서 해고당하면 내 인생은 끝이야.
정신적 여과	긍정적인 면을 보지 않고 부정적인 부분만 집중한다.
긍정적인 면 없애기	긍정적인 면을 부정적으로 바꾸어 버린다. 예) 시험에 붙은 건 운이 좋아서고 다른 사람이 방심했기 때문이야. 나는 실력이 없어.
속단하기	명백한 증거 없이 부정적인 결론을 내린다. 예) 타인의 생각을 마음대로 추측하거나(독심술), 최악의 상황만 예상한다(점쟁이식 예측).
재앙화 (과장하기)	사건의 결과를 부정적으로만 판단한다. 좋은 결과는 최소화하고 나쁜 결과는 극대화한다. 결국 부정적인 결과만 경험한다.
감정적 추론	자신의 감정이 곧 사실이라고 판단한다. 예) 불안하니까 여기는 위험해.
낙인찍기	신중히 생각하거나 파악하지 않고 타인에 대해 성급하게 결론짓는다. 예) 잠깐의 대화 후 저 사람은 고집스럽고 편협해.

개인화	자신이 통제할 수 없는 일에도 과도한 책임감을 느낀다. 죄책감을 자주 느낀다. 예) 어릴 때 내가 잘했으면 부모님이 싸우지 않았을 거야.
"해야만 해" 사고방식	자신이 정한 기대를 반드시 해야 한다고 생각한다. 자신이 실패하면 죄책감을 느끼고, 타인이 실패하면 화가 난다. 예) 부모님을 실망시키면 안 돼. 내 배우자는 반드시 좋은 엄마여야 해.

인지 오류를 하나도 겪지 않는 사람이 있을까? 있다면 대단한 사람이다. 그러니 인지 오류가 있다고 자신에게 실망하거나 자책하지 말자.

자신에 대한 인식

EMDR(Eye Movement Desensitization and Reprocessing)는 프랜신 샤피로 박사가 개발한 치료법에서 사용되는 좋은 평가 방법이다. 사건과 그로 인해 생긴 감정, 그리고 자신에 대한 인식으로 이해할 수 있다. 사건 당시의 감정이 클수록 중요한 사건으로 자리 잡고, 자신에 대한 인식에도 영향을 미친다. 특히 어릴 때일수록 영향받기 쉽다.

아래 표에서 자신에 대한 인식을 찾아보자.

인지되는 느낌 Shapiro 2018. 443-444 발췌: EMDR에서 사용되는 좋은 힌트다.

범주	인지 내용
책임/결함/수치심	모자란 사람, 무능한 사람, 중요하지 않은 사람, 사랑받을 자격이 없는 사람
책임/행동/죄책감	자신의 책임이나 역할을 하지 못한 사람
안전/취약성	안전하지 않은 느낌, 세상을 신뢰할 수 없는 느낌, 스스로 보호할 수 없는 약한 느낌
통제/선택	무력한 나, 대처할 수 없는 힘없는 자신, 통제 불능인 자신
연결/소속	세상에 혼자인 느낌, 사회에 어울리지 못하는 이상한 사람, 어디에도 소속되지 못한 느낌

이러한 자신에 대한 느낌은 극심한 감정에서 비롯된 결과다. 당연히 느껴야 할 감정 아니냐고 반문할 수도 있다. 한 가지 예를 들어 보겠다. 당신이 큰 교통사고를 겪었다고 하자. 사고 전에는 운전을 잘했고, 차를 타는 데 아무런 어려움도 없었다. 하지만 사고 후에는 차에 오를 때마다 불안하고 긴장되어 안전하지 않다고 느낀다. 사고 당시라면 이러한 느낌은 당연히 맞다. 실제로 매우 고통스러웠을 것이다. 그러나 지금 당신은 어디에 있는가? 이 글을 읽는 당신은 안전한 현실 속에 있다. 교통사고를 겪었을 뿐, 사고의 확률이 달라진 것은 아니다. 사고 전에 차를 탈 때 느꼈던 감정과 느낌을 다시 떠올려 보자. 그것이 본래 당신이 느껴야 할 감정이다.

감정과 얽힌 사실을 있는 그대로 바라볼수록, 사건의 크기와 고통의 정도를 다시 생각해 볼수록, 현재 내가 겪는 고통이 지나치다는 것을 깨닫게 될 것이다.

조언

감정을 바로 바라보고, 감정이 시작된 시간을 통해 그 원인을 찾으며, 상황의 원인을 확인하고, 현재의 문제인지 과거부터 이어져 온 문제인지 파악하는 일은 익숙하지 않을 것이다.

사실 '내 감정이 어떤가?'라는 질문 자체가 처음부터는 어렵다.

자신의 감정을 바라본다는 것은 감정을 느끼는 나를 내가 깨닫는 것이다. 정신분석에서는 감정을 느끼는 나를 '경험하는 자아(experiencing ego)'라고 하고, 깨닫는 나를 '관찰하는 자아(observing ego)'라고 부른다.

이러한 감정 바라보기 과정은 마음챙김(mindfulness) 또는 메타인지(meta-awareness)이라고도 한다. 약간의 차이는 있을 수 있지만, 본질은 같다. 마음챙김과 명상에서는 '내가 이런 생각을 했구나.'를 인지하고 마음을 놓아주는 과정이 있다. 마음챙김은 자신의 마음과 몸 상태를 인식하고, 현재 순간에 집중하며, 비판하지 않는 태도로 객관적이고 수용적인 자세를 가지는 것이 중요하다.

이 기회에 관찰하는 자아를 성장시키는 것이든, 마음챙김이든, 명상이든, 메타인지든 자신에게 맞는 방법을 편안히 찾아보고 친해지는 계기로 삼으면 좋겠다.

머릿속 생각만으로는 정리가 쉽지 않다. 가능하다면 머릿속에서 생각만 하지 말고, 말이나 글 등으로 밖으로 꺼내보자. 생각을 밖으로 꺼내면 정리가 쉬워지는데, 말과 글을 사용하면 뇌의 다른 영역들이 활성화되어 더 다양한 시각을 갖게 한다.

가까운 지인에게 편안히 속 이야기를 할 수 있다면 나누어도 좋다. 다만 자신의 사고방식을 강요하거나 판단하는 사람에게는 추천하지 않는다.

감정에 어려움이나 힘든 상황이 찾아온다면 나 자신을 알 기회로 여기자. 그 자체를 중요한 힌트로 받아들이자.

감정을 크게 느끼는 순간이 있다면, 그때 바로 시작하면 된다. 감정이 좋든 나쁘든, 크든 작든 상관없다. 영향을 준 원인을 찾아보자. 대부분 특정 사건이 있을 것이다.

그저 한 가지 질문으로 시작하자.

"지금 내 기분은 어떤가?"

사실알기

　삶에는 다양한 일들이 일어난다. 좋은 일과 나쁜 일, 작은 일과 큰 일이 끊임없이 생겨난다. 지금도 나에게는 사건이 일어나고 있다. 회사의 경영난으로 단체 퇴직했다면 엄청난 스트레스 상황일 것이다. 이는 내 문제라기보다는 현재의 외부 상황이다. 직장 상사에게 부당한 차별을 받고 있다면 현재의 스트레스 요인이 분명하다. 누구라도 괴로워할 만한 일이다.
　현재의 사건들이 나에게 영향을 주기에 이를 바라보고 이해하는 것이 중요하다. 한편 현재뿐 아니라 예전부터 이어져 온 문제들도 있다. 이런 경우 문제의 시작을 과거에서 찾아야 한다. 명확히 알 것 같은 일도 있지만 잘 모르겠는 경우가 많다. 개인적인 요소가 있는지 궁금하거나 힌트를 얻고 싶다면 다음 방법을 참고해 보자. 같은 상황인데 사람마다 반응이 다르게 나타나는 경우가 있다. 앞서 살펴본 A 양과 B 양의 사례가 그렇다.

작은 사건들로 소분했다면 각 사건의 사실을 하나씩 정확히 파악해 보자.

사실을 정확히 이해하는 것만으로도 마음이 가벼워지고 정리가 될 것이다.

사건정보 정리하기

사건/자기 정보들	사실/판단	변화
+ 감정 + 현재/과거 + 잘못된 믿음-인식		

바라보기에서 모은 각 사건의 정보를 정리하여 사건 정보 칸을 채워 보자.

모인 정보들 → 감정 + 현재/과거 + 잘못된 믿음·인식
그리고 사건의 크기를 꼭 확인한다.

크기·사이즈 파악하기

중요한 문제다. 이것만으로도 감정의 크기는 작아진다. '일반화'라는 말을 들어본 적이 있는가? 많은 경우에 우리는 과도한 일반화를 한다. 과도한 일반화로 인해 상황을 바로 보지 못하는 경우가 있다. 스스로 질문해 보자.

"바라본 상황과 그때 느낀 기분이 실제 상황의 크기에 합당한 정도로 나타나고 있는가?"

가능한 한 문제를 잘게 나누어보자. 엉뚱한 문제들이 묶여있는 경우가 많다. 사이즈를 정확히 바라보는 것만으로도 대부분 마음의 짐은 줄어든다.

부인의 핀잔 한마디에 과거의 감정이 모두 올라와서 하루 종일 기분이 나쁘다면, 지금 그 기분은 상황에 합당한 크기인가? 부인의 말 한마디가 아니라 과거의 감정까지 포함된 크기일 것이다. 사수가 늘 나를 타박하고 신경질적으로 굴어서 출근하기도 싫고 늘 불안하다면 어떤가? 사실 나는 그렇게 부족한 사람도 아니며, 그렇게 불안해할 일도 아니다. 이만큼 좌절할 일도 아니다. 나를 괴롭히는 것은 회사 전체가 아니라 단지 사수 한 사람이고, 회사는 세상의 대표도 아니다. 힘든 것은 세상 전체가 아니라 내가 겪고 있는 세상의 작은 일부일 뿐이다. 회

사 전체, 세상 전체가 힘들다고 규정한 사람도 나 자신이다. 스스로 그렇게 규정함으로써 자신에게 상처를 주고 있다.

아이러니하게도 우리는 자신이 주는 상처로부터 스스로를 보호하려 애쓴다. 불안하고 회피하고 싶어진다. 그러나 현재 나에게 불안과 회피가 최선이 아닐 수 있다. 나에게 상처를 주고 있는 것이 어쩌면 바로 나 자신일 수도 있다. 이때 사실 그대로의 크기를 보고 느껴야 한다.

자기 정보 확인

사건/자기 정보들	사실/판단	변화

+ 감정
+ 현재/과거
+ 잘못된 믿음-인식

자존감	기질과 성격
대인관계 패턴	감정과 감각
세상인식	능력
스트레스 대처/대응기제	건강과 체력

'2-1장 사실:자기'에서 파악한 자신의 정보를 참고하여, 사건과 관련된 자신의 정보를 넣는다.

미리 알아두면 도움이 된다. 그랬더라도 추가로 발견되는 내 정보들이 생길 것이다. 자신을 다 알기는 어려운 일이고, 몰랐더라도 괜찮다.

지금 이 순간의 나는, 과거 어느 때보다 더 많은 것을 알고 있다. 성장하고 있다. 1년 후의 나는 오늘보다 현명하고 자신에 대해 더 알 것이다. 그러니 잘 몰라도 괜찮다(나에 대한 정보들도 바뀔 수 있음을 참고하자).

자기 보기, 정보 정리하기

바라보기 과정에서 발견된 자기 정보는 두 가지로 나누어 정리해 볼 수 있다. '기질과 타고난 특성', 그리고 '인지적 특성'이다. 전자는 변하기 어렵지만, 후자는 유연하게 변화될 수 있다. 변화 가능성에 따라 접근하면 도움이 될 것이다.

자신에 대한 정보는 다음과 같이 분류할 수 있다.

인지적 특성
- 자존감
- 대인관계 패턴
- 세상 인식
- 스트레스 대처 및 대응기제

기질 및 타고난 특성
- 기질과 성격
- 감정과 감각
- 능력
- 건강과 체력

기질 및 성격

자신이 내향적(I)인지 외향적(E)인지, 계획적(J)인지 즉흥적(P)인지 MBTI를 통해 확인하면 도움이 된다. 기질과 관련된 특성은 타고나 변화가 어렵지만, 반복된 학습과 훈련을 통해 일정 부분 개선할 수는 있다. 변화를 원한다면 상당한 시간과 노력이 필요하므로, 그 과정에서의 소모를 감안해야 한다.

감정과 감각

자신의 감정을 잘 알아차리는지, 감각적으로 예민한지 둔한지를 파악한다. 타인의 감정과 자신의 감정에 대한 인식이 다를 수도 있으므로, 놓칠 수 있는 부분과 예민하게 받아들이는 부분을 이해하면 불편한 상황을 줄일 수 있다.

능력

다중지능 이론을 활용하여 자신이 잘하는 것과 약한 부분을 알아본다. 특히 직업과 관련하여 자신의 장점이나 재능이 어떤 부분에 있는지 확인하고, 이를 활용하거나 약한 부분을 보완하는 방향을 잡는 데 도움이 된다. 대인관계지능과 자기성찰지능이 높다면, 심리적으로 긍정적인 요소로 활용할 수 있다.

컨디션, 건강과 체력

자신의 신체적 건강 상태와 체력, 컨디션 상태를 파악한다. 신체적 컨디션이 떨어지면 감정과 사고력에도 영향을 미치므로, 컨디션 저하 시 자신이 어떻게 반응하는지 이해하는 것이 필요하다. 이를 인지하여 스스로를 배려하는 환경을 만드는 것이 좋다.

자존감

자존감은 자신에 대한 기본적 가치감으로, 자신감과 다르다. 자존감이 낮다면 높이도록 노력해야 한다. 자존감은 편안하고 안전한 환경에서 자신을 존중받는 경험을 통해 자란다. 자존감이 작다면 과거에 그런 경험이 부족했을 가능성이 있다. 지금부터라도 스스로 존중하는 경험을 만들면 된다.

대인관계 패턴

자신의 관계 패턴을 살펴보면 자신의 강점과 약점을 알 수 있다. 기버(giver), 테이커(taker), 매쳐(matcher) 중 어떤 유형인지 살펴보고,

애착유형도 확인해 보자. 이를 통해 자신이 관계에서 잘하는 점과 어려움을 겪기 쉬운 부분을 알 수 있다.

세상 인식

자신이 세상을 어떻게 인식하는지를 이해하는 것은 중요하다. 세상은 따뜻한가, 차가운가? 정의로운가, 불공평한가? 명확한 인식이 있거나 막연히 느끼는 바가 있을 수 있다. 자신의 세상 인식을 명확히 파악하고, 혹시라도 지나친 일반화나 왜곡이 있는지 확인해 보자.

스트레스 대처 및 대응기제

스트레스를 받을 때 자신이 사용하는 대처법이나 대응기제를 확인해 보자. 자주 사용하는 방법을 파악하고, 그 방법의 장점과 단점을 점검하면 좋다. 예를 들어, 억압이나 회피는 당장의 불편함은 줄이지만 장기적으로 문제를 더 크게 만들 수 있다. 자신의 대응기제를 이해하면 문제를 미리 예방하고, 더 효과적인 대응 방법을 찾을 수 있다.

단지 세밀하게 잘 그린 그림이 아니다. 숨어있는 단서들이 많은 그림이다. 창밖의 나무로 2층인 것을 알 수 있다. 비싼 옷차림으로 부유함이 보인다. 맞잡은 손, 거울 장식의 10가지 예수님 수난 장면, 머리 위 켜진 한 개의 초, 바닥의 하얀 신발, 그 시대에 없던 작가의 서명과 제작년도 표기…. 여러 상징들을 배치함으로써 결혼 혹은 약혼의 증서로 의미하는 그림일 수 있다고 한다. 아는 만큼 보인다. 자기 내면도 마찬가지이고, 세상도 마찬가지다. 아는 만큼 더 볼 수 있고 더 이해해 줄 수 있다.

얀 반 에이크, 아르놀피니 부부의 초상, 1434

사실보기- 판단하기: 과거에서 시작된 것

사건/자기 정보들		사실/판단	변화
+ 감정 + 현재/과거 + 잘못된 믿음-인식			
자존감 대인관계 패턴 세상인식 스트레스 대처 /대응기제	기질과 성격 감정과 감각 능력 건강과 체력	과거 현재의 눈으로 판단하기	

많은 감정적 문제와 고민이 과거에서 시작되었음을 알 수 있다. 이제 과거의 나를 도와 보자.

판단

지금 눈으로 다시 판단해 보자.

과거의 일들은 당연히 과거에 느꼈던 그대로 내 기억 속에 존재할까? 기억은 변화하고 수정될 수 있다. 과거의 일에 대해 내가 새로운 판단을 내린다면, 그 기억에 새로운 판단이 추가된 채 저장된다. 기억이 수정되면 어쩌냐고? 걱정하지 않아도 된다. 새로운 판단이 추가되더라도 믿지 못하거나 의심한다면, 의심하는 감정도 함께 저장된다. 당신의 믿음과 판단의 정도에 따라 그대로 저장된다. 안심이 되는가?

새로운 판단에 확신이 든다면, 그 확신과 판단이 기억에 추가되고 수정될 수 있다.

지금의 나는 인생의 어느 때보다 가장 많은 것을 알고 있으며 가장 현명하다. 과거가 누적되기 때문이다. 그렇기 때문에 현재 내가 가진 가치관, 자기인식, 대인관계 패턴, 세상에 대한 인식, 스트레스에 반응하는 방식 등은 어린 시절부터 형성된 경우가 많다.

"부모님을 화나게 하면 안 돼.", "실수하면 안 돼.", "난 부족한 사람이야.", "난 노력해야 겨우 평균이야." 같은 생각, 혹은 친구들 사이에서 자신의 의견을 꺼내지 못하는 습관이 익숙하지 않은가?

스스로 "나는 부족한 사람이야."라고 생각하는 사람이 있다. 얼마나 많은 사람이 이 생각을 하는지 아는가? 남녀노소 가리지 않고 많다. 능력과 상관도 없다. 대화를 나누어 보니 어릴 적부터 스스로 부족하다고 생각했다. 지금은 중년이 넘었고 능력도 뛰어난 사람이지만, 여전히 "운이 좋아서 잘 된 것이고 언제 실수해서 망할지 모른다."며 불안해 한다. 어릴 적의 판단을 평생 가지고 살아온 것이다. 옆집 초등학생이 당신에게 "당신 바보야!"라고 한다면 영향받겠는가? 당연히 신경 쓰지 않을 것이다. 그런데 초등학생이었던 자신의 생각에 40년 동안 삶이 영향을 받는다면 괜찮겠는가?

지금 가장 현명한 내가 과거의 나에 대한 판단을 다시 내리는 것이 더 낫지 않은가? 지금 내가 옳다고 생각하는 판단을 내리고, 그 판단에 따라 살아가는 것이 현명하지 않겠는가?

과거 사건의 사실보기/판단하기

과거 사건의 사실을 다시 발견하고 판단해 보자.

앞서 사건을 파악하였다면, 관련된 자기 정보를 찾아 알아차리자.

이유 없이 불안을 느끼던 G 씨는 아침부터 그랬음을 깨달았다. 업무 메일에서 프로젝트 결과를 본 뒤, 화풀이를 잘하는 팀장이 화를 낼까 봐 불안했다. 더듬어 보니 중학교 때 친구와의 갈등 이후부터 불안이 생긴 것 같다. 시험지를 훔친 친구 때문에 누명을 썼고, 선생님과 부모님께 심하게 혼이 난 뒤에야 사실을 고백했다. 이후 싸움을 잘하는 그 친구에게 맞아 창피했고, 괴롭힘을 당할까 두렵고 불안했다. 부모님과 선생님께도 도움을 요청하지 못했고, 그런 자신이 가치 없게 느껴졌다. 세상에서 혼자인 것 같고, 어디에도 속하지 못한 느낌이었다.

그 후로 G 씨는 친구들과 주변 사람들 눈치를 보기 시작했다. 누군가 화를 내면 두렵고 겁이 났고, 안전하지 않다고 느껴졌다. 그래서 부모님이나 친구들이 화낼 일을 만들지 않으려고 노력했고, 친구들이 싸우면 그 자리를 피했다. 자신의 잘못이 아니어도 우선 사과했고, 상대의 화를 누그러뜨리려고 애썼다. 친구 관계에서도 소극적이 되었다. 다행히 공부를 잘했던 G 씨는 부모님과 선생님이 칭찬할 만한 대학에 들어갔고, 친구들과도 무난히 지냈다. 현재는 대기업에 다니고 있다.

이 사건을 나누어 보자.

- 나쁜 프로젝트 결과로 팀장이 화낼까 하는 불안
- 중학교 때 갈등으로 친구에게 맞아 창피하고 두려움을 느낀 사건
- 친구가 시험지를 훔쳤다고 이른 행동이 배신처럼 느껴져 스스로 친구로서 가치 없다고 느낀 사건
- 시험지를 훔쳤다고 혼나 부모님의 사랑을 받을 자격이 없다고 느낀 사건

이 중에서, '중학교 때 친구에게 맞아 창피하고 두려움을 느낀 사건'을 다시 보자.

사건 / 자기 정보	사실 및 판단	변화
중학교 때 친구에게 맞아 창피하고 두려움을 느낀 사건 · 두려움, 불안과 같은 감정 · 중학교 때 친구에게 맞은 일 · 누군가 화를 내면 안전하지 않다고 느낌	친구가 때린 것은 잘못이다. 설령 G 씨가 실수했다고 해도(사실 실수는 아니었지만) 폭력은 정당화되지 않는다. 창피함은 폭력을 휘두른 친구가 느껴야 할 감정이며, G 씨는 피해자일 뿐이다. G 씨는 폭력으로 인해 겪은 감정에 대해 충분히 위로받아야 한다. 당시 맞았던 그 순간은 안전하지 않다고 느낄 만한 상황이었다. 하지만 지금의 G 씨는 성인이고, 현재는 안전하다. 폭력적인 상황에 놓일 가능성도 거의 없을뿐더러, 설령 그런 상황이 생기더라도 충분히 대처할 수 있는 어른이다.	타인의 감정과 기분을 돕는 능력 낮은 자존감 불안을 회피하는 성향 대응기제: 참기, 자기 탓

이 친구가 놓친 것은 사실을 제대로 보는 일이다.

현재 자신이 할 수 있는 것, 자신을 도울 수 있는 방법을 확인해야 한다. 지금까지 자신이 이루어 온 것들도 함께 바라보자.

사실보기- 판단하기: 현재의 일

사건/자기 정보들	사실/판단	변화
+ 감정 + 현재/과거 + 잘못된 믿음-인식		
	과거 현재의 눈으로 판단하기	
자존감 대인관계 패턴 세상인식 스트레스 대처 /대응기제	기질과 성격 감정과 감각 능력 건강과 체력	
	현재 내 요소 상대, 상황 요소 대입, 판단하기	

현재의 문제를 판단할 때도 사실을 객관적으로 보는 것이 중요하다. 내가 조금 더 객관적일 수 있어야 하고, 상황에 대해 많이 알고 있어야 올바른 판단을 내릴 수 있다.

갈등 상황에서는 상대를 이해하게 되면서 어쩔 수 없는 것처럼 느끼는 경우가 많다. 그러나 이해와 판단은 다르다. 상대가 나에게 상처를 주었을 때, 상대를 이해할 수 있다고 해서 "내가 잘못했어.", "내가 더 잘해야 해."라고 생각한다면 잘못된 판단이다. 우리는 많은 마음과 상황을 이해할 수 있지만, 이해한다고 해서 그 행동이 옳은 것은 아니다. 예를 들어 영화 <조커>에서 주인공이 왜 살인하게 되었는지 이해할 수는 있지만, 조커의 행동 자체는 옳지 않다. 이해와 판단이 다르다는 점을 기억하자.

판단하기

자기 자신에게만 엄격하거나, 반대로 자기 자신에게만 관대한 사람이라면 객관적인 판단을 하기가 어렵다. 자기 정보를 찾으면서 자신의 경향을 조금씩 발견했을 것이다. 지금 당장 문제를 바꿀 수는 없겠지만, 인지는 가능하다. 자신에게 엄격한 사람이라면, 혹시 잘못된 잣대가 영향을 주고 있는지 눈여겨보고 수정할 수 있다.

상황과 자기 자신에 대한 정보를 정확히 파악하자.

사건의 실제 크기 파악하기

한문철TV를 아는가? 이 프로그램은 작고 큰 교통사고를 분석한다. 변호사가 법적 해석을 기준으로 누가 얼마나 잘못했는지를 설명해 준다. 잘못이 한쪽에만 있는 경우도 있지만, 양쪽 모두의 잘못이 인정되는 경우가 많다. 일반적인 잘못도 그렇다. 속담처럼, 손바닥도 마주쳐야 소리가 난다. 타인과 얽힌 문제라면 일방적으로 내 잘못인 경우는 적다. 잘 판단하기 어렵다면 다음 질문을 해보자.

내 위치에 타인을 넣어보기

이 상황에 나 대신 성격이 다른 친구가 있다면 똑같이 느끼고 생각할까? 내 부모님이나 형제, 지인이 이 상황에 놓였다면 나와 똑같이 반응할까?

내 감정 상태를 다르게 가정하기

며칠 전에 로또 10억 원에 당첨됐다면, 같은 상황에서도 지금처럼 느끼고 생각할까? 타인을 대입했을 때 결과가 다르게 보인다면, 내 특성이 영향을 준 것이다. 가능한 한 그 특성을 배제하고 판단해 보자. 또는 감정 상태를 좋다고 가정했을 때 다른 결과가 예상된다면, 현재 나의 감정 상태나 컨디션이 판단에 영향을 준 것이다. 이것 역시 가능한 한 배제하고 판단해 보자.

화가 나거나 속상하거나 자책하게 될 때, 느껴야 할 감정의 크기가 줄어드는 것을 확인할 수 있을 것이다.

판단을 내릴 때는 자신의 가치관과 스스로에 대한 느낌이 큰 영향을 미친다. 자책이 많은 사람이라면 같은 상황에서도 자신의 잘못을 더 크게 느낀다. 남 탓을 많이 하는 사람이라면 타인의 잘못에 비중을 두고 억울함을 더 크게 느낄 것이다.

감정 상태와 컨디션도 마찬가지다. 우울이 심한 상태라면 무기력해서 평소의 능력을 발휘하기 어렵다. 평소보다 자책할 거리가 많아지고 자책 경향도 심해진다. 불안이 큰 상태라면 여유가 없어 실수가 더 잦아지고 세부 사항도 놓치기 쉽다. 결국 자책이 늘어난다. 컨디션 역시 그렇다. 컨디션이 좋다면 능력을 여유롭게 발휘할 수 있겠지만, 며칠 동안 잠을 제대로 못 잤다면 작은 자극에도 폭발하기 쉽고 타인과 갈등도 잦아진다.

자기 정보에서 기질적인 요소가 판단에 도움을 준다.

숫자에 약하거나 꼼꼼하지 못한 사람이 회계 업무를 맡고 있다면, 일반적인 사람보다 스트레스가 크다. 봄에 비염이 심해져서 잠을 못 자고 있다면, 평소의 능력을 발휘하기 어렵고 여유도 부족하다.

새로운 변화에 적응하기 힘든 기질을 가진 사람이 업무 내용이 수시로 바뀌는 상황에 놓였다면, 보통보다 더 큰 노력과 체력을 소모할 것이다. 이런 경우 지치는 것이 당연하다. 무조건 자책하기보다는 자신에 대한 고려가 필요하다.

타인과 상황 요소

누군가에게 상처를 받거나 화가 난 상황이라면 상황이나 상대에 대한 내 인지나 느낌을 확인하자. 예를 들어, 친구 C와의 문제라면 성격이 전혀 다른 친구 R을 대입해 보자. 같은 반응이 나온다면 객관적 판단에 가깝겠지만, 반응이 다르다면 친구 C에 대해 내가 특정한 감정적 가중치를 가지고 있음을 알 수 있다.

상대의 위치에 다른 사람을 넣어보기

상대와 성격이 정반대인 사람을 넣어보자.
예를들어 상대 대신 지나가는 5살짜리 꼬마를 넣어보자.

상황을 바꿔보기

학교 발표 상황이었다면, 친한 친구들 앞에서 발표하는 상황으로 바꿔보자. 직장에서 일어난 일이라면 이전 직장이나 직장 외의 상황으로 바꿔보자.

관계에서의 판단: 그룹과 관계 속의 상황 보기

다소 조심스러운 주제다. 판단을 하려다 보면 어디가 문제인지를 보게 된다. 그러다 보면 옳고 그름, 이기고 지는 상황이 되기도 한다. 이때는 가고 싶은 방향에 초점을 맞추자. 우리가 이 주제를 다루는 이유는 관계가 좋아지기를 바라기 때문이다. 다투는 내용보다 서로의 마음에 중점을 두자.

관계 속에서 판단을 할 때는 한쪽의 잘못만이 절대적이지 않을 수 있다. 그러나 누군가의 영향이 훨씬 클 수도 있다. 괜찮다. 우리는 변화를 위해 문제를 파악하려는 것이지, 누군가를 탓하려는 것이 아니다.

관계에서 그룹(가족, 친구, 직장 등)의 문화, 즉 암묵적으로 동의한 가치관이 중요하다. 어떤 가족은 성취를 가장 중요하게 여기고, 어떤 가족은 정직을 중시한다. 또 어떤 가족은 책임감을 중요하게 여기고, 어떤 가족은 외부에서 보는 안정된 이미지를 중요하게 여긴다. 이 가치관은 구성원 모두가 동의하고 원하는 경우도 있지만, 부모님이나 직장 상사처럼 그룹 내에서 영향력 있는 사람들의 가치관이 중심이 되기도 한다.

그룹의 특성에 따라 판단 기준이 달라지기도 한다. 예를 들어 가족인데 경제적 능력만 절대적 기준이 되거나, 회사인데 업무 책임이 아니라 의리만 중요시된다면 어떨까? 이런 부분을 신중히 살펴봐야 한다.

현실에서 변화하기

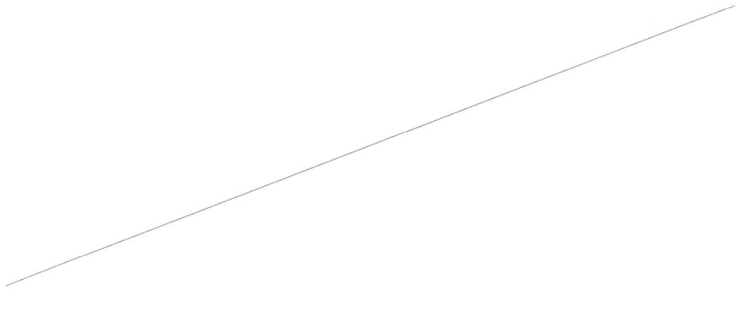

사건인지변화

인지의 수정

앞 장에서 우리는 사건을 작게 나누고, 사건에 대한 올바른 판단을 시도했다. 이는 과거의 사건이든 현재의 사건이든 마찬가지다. 사건의 크기가 작아지면 다루기 쉬워진다. 또한 사실에 근접한 판단을 통해 사건의 크기가 줄어드는 것을 느꼈을 것이다. 나에 대한 실망이나 타인과 관련된 문제, 또는 해야만 하는 일도 실제의 크기라면 충분히 부딪혀 볼 수 있다. 현재의 문제를 찾고, 과거로부터 이어진 짐도 찾아냈다.

현재의 문제와 과거의 짐을 나누었다면, 각각 어떤 변화가 필요한지, 무엇을 시도할 수 있을지 살펴보자. 과거의 짐을 완전히 해결하지 못했다고 해서 현재의 자신을 돕지 못할 이유는 없다. 반대로 현재 상황이 너무 힘들어 해결하지 못하겠다 하더라도 과거의 자신을 돕지 못할 이유 역시 없다. 내가 할 수 있는 것부터 하나씩 하면 된다. 괜찮다.

내 삶의 주인공은 나 자신이다. '나'라는 소설의 주인공은 오직 나뿐이다. 주변 사람들은 단지 등장인물이다. 중요한 조연도 있고, 스쳐 가는 엑스트라도 있다. 이들에게 어떤 중요도를 부여할지는 나의 선택이다.

올바른 판단의 수용

인식의 오류를 찾아냈어도, 더 적합한 판단을 내렸어도 그것을 마음으로 받아들이는 일은 쉽지 않다. 생각으로는 이해했더라도 마음은 여전히 받아들이기 어려울 수 있다.

자신에 대한 배려

부당하게 커졌던 문제의 크기를 줄이면서, 문제의 진짜 크기를 찾고 있다. 그 차이만큼 내가 과도하게 힘들었고, 상처받았으며, 고통을 겪었을 수 있다. 이런 상황에서 옳지 않은 잣대를 수정하는 것만으로도 자신을 배려할 수 있다. 문제의 진짜 크기 찾기를 반복하면 상처가 점점 줄고, 약해지고 성장하지 못했던 자존감이 회복될 수 있다.

내가 증상이나 질환 등 어떤 이유로 핸디캡을 안고 있는 상황이라면 이를 존중하고 받아들이자.

이것은 힘드니까 어쩔 수 없다는 식으로 합리화하거나 포기하라는 의미가 아니다. 더 소모되는 상황이라면 체력을 배려하는 방법을 선택할 수 있다는 말이다. 수면 시간을 늘리거나, 지치면서도 거절하지 못했던 친구와의 약속을 줄이는 방법도 있다. 여러 가지 일을 동시에 감당하기 버거운 상태라면 우선순위를 정해 현재 할 일을 줄여 볼 수도 있다.

인생은 단거리 달리기가 아니다. 우리는 평생이라는 긴 시간을 살아간다. 전력 질주하지 않으면 불안한가? 누구도 평생 내내 전력 질주할 수는 없다. 그렇게 달리다 보면 언젠가 큰 번아웃이 찾아와 원치 않게 오랜 시간 주저앉아 있게 될 수도 있다. 내 몸은 도구가 아니다. 내 삶을 돕는 소중한 나의 일부다. 내 마음 역시 마찬가지다. 자신에게 상처를 주면서 무작정 채찍질하면 상처는 누적되어 결국 탈이 난다. 내 몸과 마음을 충분히 배려하고 보듬어 주자.

돕고 변화하기

사건/자기 정보들	사실/판단	변화
+ 잘못된 믿음-인식		순간 돕기
	수정된 판단	과거로부터 온 패턴바꾸기
자존감 대인관계 패턴 세상인식 스트레스 대처 /대응기제	배려가 필요한 부분	-인식 -타인관계

오류를 발견했는가? 변화시키고 싶거나 돕고 싶은 것을 찾았는가?

이는 앞서 살펴본 인지적인 자기 정보들과 관련된 부분이다. 자존감, 관계에서의 자기인식, 세상 인식, 스트레스 대처와 대응 기제 등 다양한 정보가 있었다. 꼭 이러한 분류가 아니더라도 바꾸고 싶은 부분이 있을 것이다. 변화하고 싶은 것이 있다면 가장 먼저 해야 할 일은 인식이다. 자신이 바꾸고 싶은 생각과 판단을 하고 있음을 알아차려야 스스로를 도울 수 있다.

힘든 기억이나 부적절한 걱정을 반복해서 떠올리는 일은 사실 내 의도라기보다 습관의 결과이며, 때로는 우울이 만들어낸 결과이기도 하다. 힘든 사건을 반복적으로 떠올리는 사람들이 있다. 창피해서 이불킥을 하거나 '이랬어야 했는데', '저랬어야 했는데'라고 후회해 보지 않은 사람이 얼마나 있을까?

'이미지 트레이닝 학습법'에서는 머릿속으로 반복 연습하면 실제 연습과 비슷한 효과가 있다는 연구 결과가 있다. 상상만으로도 실제 근육에 변화가 일어났다는 논문도 있다. 즉, 생각과 상상이 실제 몸에 큰 영향을 미친다.

부정적인 생각들은 대부분 스트레스 상황과 연결되어 있다. 스트레스를 경험할 때 우리 뇌는 방어 체계를 작동한다. 코티솔은 스트레스에 맞서기 위해 면역 반응을 낮추고 에너지를 확보하기 위해 몸의 포도당을 꺼낸다. 이는 스트레스 상황에서 더 명료하게 집중할 수 있도록 돕는다. 그러나 이미 벌어진 사건을 반복적으로 머릿속에서 되새기

호들러는 늦은 나이에 만난 연인 발렌틴과 사별한다. 그는 발렌틴의 죽어가는 모습을 200여점의 스케치와 유화로 그렸다. 죽음이 가까워진 순간엔 누구도 아름답기 힘들다. 누군가의 죽음이 아픈이유는 그만큼 그 사람을 사랑하기 때문이다. 그 사람과 나눈 감사한 시간들 때문이다. 마지막의 모습과 슬픔으로, 아름다운 기억을 잃어버리지 말고, 사랑으로 돌아오기를 바란다.

페르디난트 호들러, 임종의 고통, 1915

면 뇌는 같은 사건을 계속해서 재경험한다. 사건을 한 번 겪었음에도 계속 반복 경험하게 되고, 결국 몸과 뇌는 계속 스트레스 방어 체계를 작동하여 누적된 스트레스로 소진된다.

순간 감정에서 벗어나는 방법

- 교감신경의 흥분 줄이기: 심호흡
- 집중 변경하기: 숫자를 거꾸로 세거나 걷는 행동에 집중하기
- 상황에서 벗어나기: 잠시 타임아웃을 갖거나 다른 장소로 이동하기

판단과 결정 보류하기

다툼이나 퇴직 같은 큰 사건을 겪으면 우리는 순간적으로 강렬한 감정에 휩싸인다. 화, 분노, 슬픔, 좌절, 억울함 등을 상대에게 터뜨리며 큰 갈등이 되거나, 혼자 고립된 채 자책하며 깊은 우울에 빠지기도 한다. 감정에 휩쓸려 마음에도 없는 말을 하거나 행동하고 후회한 적이 있지 않은가?

화나거나 슬픔이 큰 순간에는 그 감정이 전부처럼 느껴지고 다른 것은 보이지 않는다. 너무 억울한 나머지 순간적으로 퇴사를 하거나, 중요한 사람과의 관계를 끊기도 한다. 하지만 상황은 온전히 나의 몫이다. 내 삶은 감정에 휩쓸리는 그 순간만으로 이루어져 있지 않다. 내가 태어나 지금까지 살아온 모든 순간과 앞으로 살아갈 시간이 내 삶이다.

이 긴 삶의 시간을 순간적인 감정에 맡겨도 될까?

제안하고 싶은 것은 '보류'이다. 회피하라는 뜻이 아니다. 평생 미루라는 말도 아니다. 감정에 휘둘리지 않을 수 있을 때까지, 좀 더 좋은 컨디션으로 판단하고 결정할 수 있을 때까지 잠시 보류하자는 것이다. 순간적인 감정에 휩쓸려 삶에서 손해 보지 말자.

회피하지 않고 감정 돌보기

감정을 잘 보류했다면 이제 감정을 돌보자. 화내는 것이 싫어서 화를 외면하거나 억누르는 경우가 있다. 혹은 불쾌한 감정 전체를 무시하기도 한다. 당장은 해결된 것처럼 느껴지지만, 시간이 지나면서 해결되지 않은 감정은 조금씩 쌓인다. 처음에는 괜찮겠지만 시간이 흐르면 감당할 수 없는 수준이 되기도 한다. 이 지점에 이르면 누군가는 우울을, 누군가는 불안을 겪고, 누군가는 술에 의지하게 된다. 또 다른 모습으로 나타날 수도 있다.

감정을 쌓아두지 말고, 모른 척하지 말자.

화가 난다고 해서 무작정 화를 내라는 말은 아니다. 큰 우울이 느껴진다고 해서 거기에 푹 빠져 있으라는 말도 아니다. 내게 다루기 힘든 정도의 감정이라면 그 순간에서 벗어나자. 감정을 스스로 인지하고, 가능하다면 믿을 만한 타인에게 털어놓아 보자. 단, 반드시 적합한 사람에게 꺼내기를 권한다.

과거로부터 이어진 패턴 깨기

우리 뇌는 익숙한 것을 선호한다. 뇌는 수많은 세포로 구성되어 있고, 이 세포들은 연결되어 하나의 회로를 형성한다. 우리의 행동과 생각, 기억은 모두 회로로 연결되어 있다. 이 회로를 숲속의 길로 상상해보자. 한 번 간 길은 희미하지만, 여러 번 반복하면 길이 명확해진다. 자주 반복되는 행동이나 생각, 습관 등은 잘 닦인 길이 되어 매우 쉽게 갈 수 있다. 많이 반복하면 아예 고속도로처럼 단단한 길이 된다.

이미 잘 닦인 고속도로가 있는데 굳이 낯선 숲길을 헤쳐 가는 것은 어떨까? 상당히 불편할 것이다. 우리 뇌도 이와 같다. 잘 닦인 회로를 선호하지, 익숙하지 않은 회로는 잘 사용하지 않는다.

습관이 형성되려면 시간이 걸린다. 새로운 길을 닦는 데도 마찬가지로 시간과 노력이 필요하다. 내 생각이나 행동, 기억, 어려움에 대응하는 방법, 대인관계의 패턴 등을 바꾸고 싶다면 새로운 길, 새로운 회로를 닦는 데 충분한 노력을 기울이자.

관계에서 중요한 대화

관계에서 가장 중요한 것은 대화, 즉 말로 표현하는 것이다. 관계의 갈등은 대부분 말에서 시작된다. 우리는 싸움을 원해서 말을 하는 것이 아니다. 내 생각을 전달하거나 감정을 표현하거나 상대에게 조언하려다가 다툼이 되는 경우가 많다. 큰 부부싸움을 하고 나면 처음 싸움의 시작을 기억하지 못하는 경우도 흔하다. 부모님과의 갈등도 작은 말다툼에서 시작된다. 사실 부부든 가족이든 상대가 불행하기를 바라며 말을 하지는 않는다. 그러나 마음과 다른 표현 때문에 마음은 전달되지 않고 오히려 상처만 주고받는다. 만약 원하는 바가 잘 전달되었다면 대부분의 다툼은 발생하지 않을 것이다. 얼마나 소모적인가? 얼마나 속상한 일인가? 어떻게 하면 잘 전달할 수 있을까? 다음에서 소개하는 'I message', '관찰과 평가' 방법은 《비폭력대화》(마셜 B. 로젠버그 저)를 참고 했다.

I message: 나를 주어로 표현하기

불만스러운 상황에서 주어를 상대방으로 하면 상대는 비난으로 받아들이기 쉽다.

"왜 당신은 이것을 버리지 않았어?"

▶ "당신이 안 버리면 내가 해야 해서 힘들어."

"왜 늦었어?"

▶ "당신이 늦으면 무슨 일이 생긴 것 같아 내가 너무 불안해."

관찰과 평가: 평가가 아닌 관찰을 전달하자

"당신 그 정도밖에 안 돼?", "네가 그렇지 뭐"는 평가이고 비꼼이다. "당신 예전에는 이렇게 했었는데 이번엔 다르게 했네." 혹은 "예전처럼 해볼 수도 있었을 텐데"와 같은 나의 관찰을 전달하자. 대화를 잘 주고받는 것만큼이나 중요한 것은 상대방 존중이다. 대화는 상대를 바꾸기보다 의사 전달이 목적이다. 내 마음을 충분히 전달했다면, 상대가 어떻게 받아들이는지는 상대의 선택이다. 상대가 거절했다면 그 선택에 실망하는 것도 내 자유다.

자라지 못한 자존감 돕기

많은 사람이 여러 이유와 상황으로 자존감이 충분히 자라지 못하곤 한다. 잘 자랐지만, 상처와 좌절로 숨어버린 자존감도 많다. 자라지 못한 자존감은 키우면 되고, 숨어버린 자존감은 찾아주면 된다. 어떻게 할 수 있을까? 먼저 스스로에게 주는 상처부터 돌아보자. 자기 자신에게 했던 야박한 평가를 살펴보자. '난 못해', '내가 그렇지 뭐', '게을러서 그래'와 같은 스스로 주는 상처를 줄이는 것만으로도 자존감이 자랄 틈이 생긴다. 내가 해낸 일, 아직 미숙하더라도 이전보다 나아진 것들을 평가해 보자. 장점이 없는 사람은 없다. 그동안 스스로 알아주지 않았던 장점들을 살펴본다면 자존감은 자연스럽게 성장할 수밖에 없다. 숨어있던 자존감이 조금씩 보이기 시작할 것이다.

- 자기 전에 하루 한 가지 칭찬하기
- 수고한 일이 있다면 알아주기

질문이 어렵다면, 친구나 내 아이를 떠올려 보자. 같은 상황에서 나는 그들에게 뭐라고 말해줄까?

많은 사람들이 타인의 인정과 평가가 중요하게 여긴다. 타인을 지나치게 의식하는 사람은 자신의 인정 욕구를 걱정하기도 한다. 스스로 평가를 못 하고 타인의 인정을 받아야만 자신을 인정할 수 있다면, 돌아보자. 사실, 타인의 인정도 결국 내가 받아들이는 것이다. 마지막 판단과 수용의 과정은 내가 결정하는 것이다. 타인의 평가를 정보로 받아들일 뿐이다. 생각해 보자. 타인의 평가는 얼마나 믿을 만한가? 타인은 늘 나에게 객관적인 평가를 해주는가? 평가에 타인의 개인적인 가치관이 들어가진 않았나? 타인의 감정에 따른 평가는 아닌가? 혹은 타인의 이득이나 손실에 따라 평가가 달라지지는 않는가?

스스로 인정하든, 타인의 인정만 받아들이든, 실제 인정은 내가 한다. 타인의 평가를 모두 거부하라는 의미는 아니다. 옳은 평가는 중요한 자산이다. 어떤 사람의 평가인지, 그 평가가 옳은지가 중요하지 않을까? 옳은 평가를 선택해 수용하자.

내 삶의 중심은 나여야 한다. 내 마음의 중심 역시 나여야 한다. 자신에 대한 확신이 없거나 자기 자신을 잘 알아주지 못하는 사람들은 타인이나 세상의 가치관, 인정 등을 의지한다. 의도적인 것도, 일부러 그렇게 된 것도 아니다. 괜찮다. 삶은 시행착오를 통한 성장 과정이다. 이제부터 변화를 이끌면 된다. 타인을 지나치게 의지한 이유는 자신의 그릇을 스스로 채우는 법을 몰라, 밖의 것으로만 채우려 했던 것은 아닐까?

'해야 한다.'는 압박에서 벗어나기

인생에서 반드시 해야 하는 일이 얼마나 될까? 적절한 컨디션이라면 '밥을 먹어야 한다.'거나 '잠을 자야 한다.' 같은 생존을 위한 일들에 스트레스를 받지는 않는다. 여기서 말하는 것은 생존과는 무관한, 사회적이고 심리적인 압박이다. '착해야 한다.', '화를 내면 안 된다.', '자랑스러운 딸이어야 한다.', '실수하면 안 된다.', '항상 부지런해야 한다.'와 같은 압박이 떠오르지 않는가? 이러한 압박은 어디에서 온 것일까? 내 삶의 주도권은 어디에 있는가?

자신 존중하기

나를 존중하고 배려하라고 하면, 많은 사람이 "방법을 모르겠어요"라고 답한다. 하지만 이런 사람일수록 타인을 배려하는 데는 능숙하다. 그렇다면 스스로에게 이렇게 물어보자. "내가 아닌 다른 사람이 내 입장이라면 나는 뭐라고 조언했을까?"

작은 것도 괜찮다. 상대에게 "이 메뉴 괜찮아?"라고 묻는다면, 스스로에게도 물어보자. "나는 이 메뉴 괜찮나?"

나를 소중히 하는 방법 중 하나는 나를 행복하게 해주는 것이다. 다만 건강한 방식으로 해야 한다. 술이 좋다고 과음하는 식으로 자신을 위하자는 의미가 아니다. 건강한 방향으로 나를 행복하게 하는 방법을 생각해 보자. 취미나 개인적인 취향도 중요하다. 흔히 말하는 소소한 행복도 이에 포함된다. 소비를 한다면 스트레스 해소용으로 충동구매하지 말고, 진정으로 나를 즐겁게 할 수 있는 것을 선택하자. 또한 내 금전적 상황도 고려해야 한다. 나를 소중히 한다고 과소비하면 결국 내 경제 상황을 배려하지 않은 것이다. 전체적으로 나의 상황을 고려하며 현명하게 나를 행복하게 할 수 있는 물건을 사면 어떨까?

취미든 운동이든 내가 즐겁게, 나를 배려하며 선택하는 것이다.

나는 무엇을 좋아하고 즐거워하는가?

변화 시 고려 사항

힘과 의지의 필요

모든 변화의 시작은 자신의 의지이다. 의지가 있어야 사실을 발견하고 힘을 쌓아 변화를 시작할 수 있다. 충동이나 감정을 바라보고 알아봐주기 위해서도, 변화할 힘을 쌓기 위해서도 자신의 의지가 필수다. 이 책에서 제안하는 사실의 발견과 그에 기반한 변화는 쉬운 일이 아니다. 사실을 보지 못하고 변화를 이루기 어렵다.

의지가 행동하려면 힘이 필요하다. 늘 하던 습관은 큰 노력이 필요하지 않다. 하지만 하지 않던 행동이나 새로운 생각을 하는 것은 힘이 많이 든다. 생각이나 행동은 뇌에 회로를 형성한다. 반복되는 생각과 행동은 **수초화**(슈반세포나 희소돌기세포가 감싸는 지방질 덮개(수초)를 형성하는 과정, 신경 신호의 전달 속도를 크게 높인다.)를 통해 **빠르고 쉽게** 형성된다. 그러므로 습관화된 행동은 쉽게 이루어지지만, 새로운 생각과 행동을 하려면 새로운 길을 닦는 것과 같다. 새로운 변화를 시도할 때는 힘이 더 많이 든다는 사실을 기억하자. 변화가 금방 안 된다고 해서 나약하거나 의지가 부족하다고 자책하지 말자. 힘든 상황에 소모되고 지쳐 있기 때문이다. 특히 가스라이팅을 당해 벗어나기 힘들다면, 내가 약한 게 아니라 힘이 없다는 것을 기억하자.

변화를 인지하기

변화를 노력하는 과정에서 놓치기 쉬운 것이 있다. 분명히 좋아지고 있는데도 남아 있는 어려움에 초점을 두고 속상해하는 경우가 많다. 문제점이나 힘든 감정이 -10점에서 단번에 10점으로 뛰어오를 수는 없다. 또 모든 어려움과 증상이 똑같은 속도로 좋아지지도 않는다. 불안은 나아졌는데 우울은 남아 있을 수도 있고, 자존감은 좋아졌는데 자신감은 부족할 수도 있다. 어린 시절의 상처를 안아줌으로써 마음의 짐이 작아졌지만, 가족과의 갈등은 여전할 수도 있다.

괜찮다. 원래 그렇다. 한 번에 모든 것이 좋아진다면 좋겠지만 대부분은 서로 다른 속도로 천천히 좋아진다. 좋은 소식은 다 나아졌다고 생각하는 순간에도 계속 나아질 여지가 있다는 것이다. 자신의 변화를 인지할 때 어려움이나 증상은 다른 사람이 아닌 과거의 나와 비교하자. 나아진 점을 발견해 기뻐하자. 그만큼 내가 큰 짐을 지고 있었으며, 그럼에도 지금까지 잘해왔다는 것을 인정하자. 정말 대견하지 않은가?

주변 사람의 반응과 적응 시간의 필요성

변화를 할 때 주의할 점 중 하나는 나의 변화로 주변 사람이 당황할 수 있다는 것이다. 나의 변화에 주변 사람은 적응하는 시간이 필요하다. 내 변화에 대해 불만을 나타내거나 화를 낸다면 그 사람의 태도와 존중의 정도를 추측할 수 있다. 우리가 추구하는 것은 나 자신을 위한 올바른 변화이지 타인을 해치려는 것이 아니기에, 상대의 반응에 당황하지 않아도 된다. 오히려 그 사람이 변하길 기다리자.

전문적 도움들

전문가의 도움이 필요한 경우

외상 후 스트레스 장애(PTSD), 심한 우울, 공황장애, 불면 등 너무 힘든 상태라면 전문가의 도움을 받아야 한다. 무거운 상태는 혼자 감당하거나 파악하기 어렵다. 전문가의 도움은 나의 회복과 성장을 더 빠르고 편안하게 도와줄 것이다. 도움받는 것을 두려워하지 말고, 자신을 위한 기회로 삼아 당당히 도움받기를 권한다.

면담치료, 지지적 정신치료, 단기정신치료, 정신분석, EMDR, 약물치료, 뇌자극치료(뉴로모듈레이션), 아동을 위한 놀이치료, 미술치료, 음악치료 등이 있다.

정신건강의학과와 상담센터가 떠오를 것이다. 두 기관은 제공하는 치료에 차이가 있다. 정신건강의학과와 상담센터의 가장 큰 차이는 약물치료 가능 여부다. 두 곳 모두 면담치료를 하지만, 정신건강의학과는 약물치료가 가능하고, 의사에 따라 면담의 비중이 다를 수 있다. 반면 상담센터는 면담치료가 중심이다. 뇌자극치료, 뉴로모듈레이션, EMDR, 정신분석, 놀이치료나 예술치료 등은 모든 곳에서 가능한 것이 아니라 기관마다 제공 여부가 다르다.

정신건강의학과 발전하던 초기에는 '정신과는 무서운 곳, 미친 사람들이 가는 곳'이라는 부정적 인식이 많았고, 지금도 그 인상이 상당히 남아있다. 미드를 자주 보는 사람이라면 해외에서는 정신과 진료나 상담이 얼마나 일반적이며 편안하게 도움을 주고받는지 잘 알 것이다.

정신과 약물이 처음 개발된 1950년대는 오래전이다. 과거에는 상상도 못 했던 작은 마법 기계를 손에 들고 다니는 시대이고, 이제 AI가 활동영역을 확장하고 있다. 정신과 역시 그사이 많은 발전이 있었다. 하지만 과거의 부정적 인식이 아직도 이어지는 듯하다. 전 세계에서 지속적으로 새로운 효과적인 약물을 개발하려 노력하고 있고, 덕분에 좋은 약들이 꾸준히 등장하고 있다. 뇌에 관해 더 많이 알게 되면서 치료 방법도 다양해졌다. 뇌자극치료도, EMDR(안구 운동 민감 소실 및 재처리 요법, 외상적 기억이나 고통스러운 경험으로 인해 겪는 정서적 괴로움을 줄이는 심리 치료법)도 그렇다. 많은 치료법이 개발되고 있으며, 강요되는 치료도 없다. 스스로 선택할 수 있는 옵션은 점점 늘어나고 있다.

내 고민을 누군가에게 털어놓고 도움을 받을 수 있다면 어떨까? 나를 도와주기 위해 존재하는 곳이고, 도와줄 수 있는 사람들이 있는데, 내 짐을 함께 들어달라고 부탁하는 것이 어떨까?

정신분석과 정신분석적 정신치료

과거의 기억들은 현재에 영향을 미치며, 미처 보지 못하는 무의식에 숨어 있다. 치료자와의 대화 작업을 통해서 자신을 이해하고 자신의 어려움, 문제를 깨닫고 돕도록 돕는 방법이다.

정신분석은 치료자와 관계에서 드러난 전이와 저항을 다루며, 근본적인 무의식의 문제를 찾도록 돕는다. 치료 시간에 드러나는 것을 솔직하게 표현할 수 있어야 한다. 주 4~5회 45~50분 카우치(소파)를 사용하여 치료 작업을 하고, 2~3년 이상의 시간이 소요된다.

정신분석적 정신치료는 현실의 어려움 해결에 좀 더 초점을 둔다. 정신분석처럼 전이와 저항을 통하여 무의식의 방어를 분석하고 억압된 갈등에 대한 통찰을 돕지만, 정신분석에 비해 덜 집중적인 치료법이다. 주 1~3회로 이루어지며, 분석 치료가 부담스러운 경우 선택하기도 한다.

인지행동치료

인지행동치료란 생각(인지)이 감정과 행동에 영향을 미친다는 것을 바탕으로 한다. 생각과 행동 패턴을 이해하고, 오류가 있는 부분을 수정함으로써 감정적 고통을 줄이고 행동의 변화를 만드는 것을 목표로

하는 치료 방법이다.

행동치료

심리적 문제가 잘못 학습된 행동 패턴이라고 보고, 학습 이론(고전적 조건형성, 조작적 조건형성, 사회 학습)을 적용하여 부적응적인 행동을 감소시키고 적응적인 행동을 학습한다. 체계적 둔감화(공포증 치료), 노출 치료, 행동 조성, 토큰 경제(강화), 이완 훈련, 모델링 등으로 특정 문제행동을 직접적으로 변화시킨다.

수용전념치료

인지행동치료 중 하나이다. 괴로운 생각이나 감정을 없애기보다는 수용하고(Acceptance), 자신의 가치(Values)에 따라 의미 있는 삶을 살기 위해 행동하도록(Commitment) 돕는 방법으로, 마음 챙김(Mindfulness), 인지적 탈 융합(생각과 자신을 분리하기), 가치 명료화, 전념적 행동 등의 방법이 있다.

변증법적 치료

경계선 성격장애 등의 심한 감정 조절의 어려움, 충동성, 자해, 자살행동 등에 적용하며, 수용과 변화의 두 가지 개념을 동시에 인정하고 통합하는 방법이다. 마음 챙김, 고통 감내, 감정 조절, 대인관계 효율성을 배우고 훈련하며 개인치료와 그룹 치료를 같이 한다. 삶의 균형을 찾고 고통을 줄인다.

약물치료

우울, 불안, 공황, 불면, 강박 등 많은 증상이 약물치료의 도움을 받을 수 있다. 심한 우울증이라면 항우울제의 도움을 받을 수 있다. 항우울제의 대부분은 세로토닌 수치를 올려주는 역할을 한다. 세로토닌을 느껴보자. 그 수치를 스스로 올릴 수 있는가? 나는 어렵다. 어디에 있는지, 어떻게 느끼는지도 모르겠는데 어떻게 올리겠는가? 그렇기 때문에 약물의 도움을 받는 것도 좋다. 도움이 필요하다는 건 누구에게나 생길 수 있는 일이지, 나 자신이 약하다는 증거가 아니다. 필요하면 도움을 받아도 된다. 눈이 나쁘면 안경을 쓰는 것처럼 말이다.

사람들은 약을 시작하면 평생 먹어야 하는 게 아니냐고, 의존하면 어떡하냐고 걱정한다. 뉴스에서 자주 접하는 프로포폴이나 졸피뎀 중독 같은 마약 중독 때문이다. 이 두 가지도 약물이다. 적절한 관리를 받으며 필요한 만큼 사용하면 좋은 약이지만, 불필요한데도 지속하면 의존으로 넘어갈 수 있다. 특히 수면제나 항불안제(신경안정제)는 즉각적 효과 때문에 남용될 가능성이 있지만, 항우울제는 그렇지 않다. 그래서 조급한 환자들은 효과가 없다고 느껴 스스로 중단하는 경우도 많다. 항우울제를 끊고 나빠졌다면, 약물의존증이라기보다 아직 내게 도움이 필요하다는 신호로 보면 좋다.

여러 검사에도 원인이 밝혀지지 않은 신체 증상(만성 소화불량, 설사, 조절되지 않는 기침 등)이 있다면 우울과 불안이 기저에 있을 가능성이 크며, 그에 따른 치료가 효과적일 수 있다. 꼭 약을 먹어야 한다는 이야기가 아니다. 다만, 정신과 약이 도움이 될 수 있다는 것을 몰라서 몇 년간 고생했던 환자의 이야기가 기억에 남는다.

EMDR

트라우마, 즉 상처가 된 기억을 치료하는 방법이다. 샤피로 박사는 산책 중 우연히 감정이 편안해지는 경험을 했고, 이를 계기로 개발한 방법이 EMDR이다. 양측성 안구 운동을 통해 기억을 꺼내 수정하고 다시 저장한다. 최근에는 발전된 EMDR 기법 덕분에 더 빠르게 기억을 치료할 수 있게 되었다. 힘든 기억은 덩어리져 무겁고 크다. EMDR은 이러한 덩어리진 기억을 나누어 가볍게 만들어준다.

치료자가 기억을 고치는 것이 아니라, 그 과정을 도와주는 것이다. 많은 치료가 그렇듯, 힘든 기억을 꺼내는 데는 본인의 적극적인 준비와 참여가 필요하다.

뇌자극치료

dTMS, rTMS, tDCS 등이 있다. 자기장 또는 전기 자극을 통해 두부를 자극하여 신경세포를 활성화시키는 방법이다. 치료 효과에 관해 여러 가지 설명이 있지만, 그중 하나는 뇌세포의 성장인자(BDNF)를 증가

시켜 신경 가소성을 높이는 것이다.

도움이 필요한 기준은 무엇일까?

정신건강의학과에서 진단 기준으로 사용하는 DSM-5(Diagnostic and Statistical Manual of Mental Disorders) 진단체계가 있다. 질환 진단 기준이긴 하지만, 사실상 도움이 필요하다는 기준점으로 참고할 수 있다. DSM-5에는 "증상이 사회적, 직업적 또는 다른 중요한 기능 영역에서 임상적으로 현저한 고통이나 손상을 초래한다."라는 항목이 있다. 지속적인 불면증으로 술을 마시지 않으면 잠을 자지 못하거나, 불안 때문에 지하철을 피하거나, 사람을 만날 때마다 긴장해 친구를 거의 만나지 않거나, 문을 잠갔는지 여러 번 확인하느라 지각하거나, 힘든 사건이 반복적으로 떠올라 일에 집중하지 못하는 등 일상생활과 사회생활에 지속적으로 영향을 받는다면 도움을 받기를 권한다.

"공황장애가 생기기 전보다 더 행복해졌어요."

치료를 받은 분들이 말했다. 물론 이분뿐 아니라, 우울, 불면, 성인 ADHD, 강박 등으로 힘들었지만 스스로를 도우려 노력하여 점차 변화하고 성장하는 분이 많다. 가족 관계가 좋아지고, 오래된 갈등이 완화되며, 새로운 변화를 시도하기도 한다.

이분들이 단지 쉽게 도움받아서 나았다는 것이 아니다. 스스로 감추고 싶은 마음을 꺼내고, 기억을 더듬으며, 부끄럽고 후회스러운 일도 이야기했다. 자신을 돌아보고 깨닫고 변화하기 위해 노력했다. 절대 쉽게 이루어진 변화가 아니다. 스스로를 위해 각자 멋지게 노력한 결과다.

앞서 말했듯, 힘든 경험은 자신을 도울 기회이자 성장의 계기로 만들 수 있다. 힘들다고 포기하거나 자책만 할 것인지, 아니면 이를 기회로 삼아 자신을 돕고 성장할 것인지는 스스로에게 달렸다.

항상 강조하고 싶은 것은 이것이다.

'나 자신이 주인공이어야 한다.'

타인의 기대에 대한 걱정과 눈치 보기는 나를 주인공으로 놓지 못해서 생겨난다. 내가 건강하게 성장하면 나의 느낌, 인지, 판단 기준, 관계에서의 가치 등 모든 부분에서 나 자신을 중심에 두게 된다. 이것은 이기적이지 않다. 내가 편안해야 타인을 도울 수 있다.

비행기 안내 방송을 들어본 적이 있는가? 노약자와 함께라면 자신 먼저 마스크를 착용하라고 한다. 자신이 먼저 건강해야 타인을 도울 수 있다. 이타적인 사람도 스스로 건강하지 않으면 결국 타인을 도울 수 없다. 관계에서도 마찬가지다. 개인이 먼저 편안하고 건강해야 좋은 관계를 만들 수 있다.

일상에서 자기 돕기

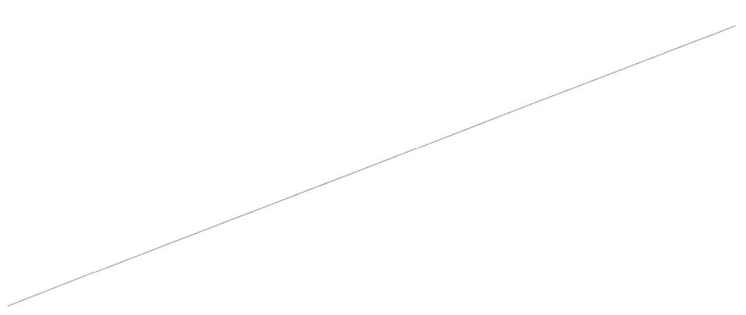

일상생활

금전 관리

 의외로 금전 관리에 어려움을 느끼는 사람이 많다. 돈 이야기를 꺼내는 것을 욕심 같거나 피해야 할 영역처럼 여기는 경우가 흔하다. 숫자에 약한 사람이 미적분을 대하는 듯한 부담을 느끼기도 한다. 수입과 지출(고정 지출과 비정기 지출 포함)을 정리해 자신에게 맞는 계획을 세워 보자. 고정 급여를 받는 경우가 아니라 인센티브 급여자나 프리랜서처럼 수입 변동이 크다면, 낮은 수입을 기준으로 계획하고 남는 부분을 저축해 두면 좋다. 그러면 수입이 줄어드는 달에도 불안하지 않고 편하게 지낼 수 있다.

이러한 내용이 너무 당연하다고 생각하는가? 하지만 의외로 경제적인 부분을 무시하며 사는 사람이 많다. 꼭 투자 실패나 파산 직전 같은 극단적인 상황만을 의미하는 것은 아니다. '돈 관리가 조금 서툴다.' 정도로 생각하고 중요하게 여기지 않다가, 수입 감소 같은 상황이 닥쳤을 때 무의식적으로 경제적 무능력, 자유 상실, 희망 상실에 대한 두려움을 느끼며 극심한 불안이나 우울감에 빠져 자살 생각까지 하는 사례도 있다. 돈이 절대 가치이거나 인생의 최우선 가치는 아니지만, 현대사회는 자본주의 사회로 돈이 없으면 생존 자체가 어렵다. 중요성을 무시하지 말자.

믿을 만한 지인의 도움을 받거나, 가능하다면 전문가와 상담을 받아도 좋다. 부부 중 한쪽이 금전 관리에 능숙하다면 그 사람이 맡아도 좋지만, 반드시 함께 상의하고 결정하는 것이 좋다. 일과 가정의 양립에서 다시 다루겠지만, 가정은 효율 중심의 집단이 아니다. 그런데 '내가 돈을 버니까.'라는 생각으로 한쪽이 경제권을 독점하며 상대방에게 제대로 알리지 않는 경우가 있다. 다양한 의견이 있을 수 있지만, 저자는 부부를 신뢰를 바탕으로 한 공동체로 생각한다. 신뢰를 바탕으로 한 투명한 공유가 필요하다.

집 정리

갑자기 웬 집 정리인가 싶을 수 있다. 하지만 집 정리 문제로 고민하는 사람은 정말 많다. 그래서 '곤도 마리에'의 〈설레지 않으면 버려라〉가 넷플릭스에서 인기를 얻고 미니멀리즘이라는 개념도 유행했다.

사람의 뇌는 무한하지 않다. 저장할 수 있는 정보량과 집중력 모두 한계가 있다. '작업 기억'이라는 용어가 있다. 정보를 처리하기 위해 임시로 잡아두는 기억을 말한다. 우유를 사러 가려다 친구에게 전화가 와 통화 후 전화를 끊었다면, '우유 사러 가야지.'라는 기억을 붙잡고 있어야 다시 떠올릴 수 있다. 이것이 작업 기억이다. 한 번에 처리할 수 있는 기억에는 개인차가 있지만 한계가 있으며, 누구나 자신의 기억력에 한계가 있다고 느껴본 경험이 있을 것이다(과잉 기억 증후군 hyperthymestic syndrome인 경우는 예외지만).

집이 어수선하면 작업 기억의 공간이 쓸모없는 정보로 가득 차기 쉽다. 집이 엉망이면 업무나 일상생활, 사회적 관계, 감정 관리 등에 사용할 수 있는 기억의 공간이 그만큼 줄어든다.

정리를 위한 몇 가지 팁을 제시하자면,

① 우선 짐을 줄이자. 물건을 늘리지 않는다. 한 개를 사면 한 개를 버리는 등 자신에게 맞는 방법을 찾는다.

② 정리와 청소를 일상 습관에 포함시키면 부담이 적어진다. 예를 들어 식사 후 그릇을 바로 설거지하거나 출근길에 쓰레기를 버리는 습관이다.

③ 두 명 이상이 함께 살고 있다면 각자의 장점을 활용해 집안일을 분담해도 좋다.

정리된 집은 삶에 더 잘 집중할 수 있도록 도와준다.

자동차 구매

현재 현대인의 지출에서 가장 큰 비중을 차지하는 것이 주거이고, 그다음은 자동차인 경우가 많다. 자동차 구매를 고민할 때의 기준이 무엇인가? 여기서 자기 자신에 대한 힌트를 얻을 수도 있다.

어떤 사람은 자신의 취향이나 편안함보다 다른 사람을 차에 태울 때를 고려해 뒷자리와 트렁크 크기를 중요하게 여긴다. 어떤 사람은 가족용 차량임에도 가족의 편의보다는 자신의 취향에 따라 SUV나 승차감이 떨어지는 스포츠카를 선택한다. 사회적 시선을 의식해서 본인의 경제력보다 무리해 비싼 차를 사기도 한다.

자동차 선택에서 자신과 타인에 대한 배려의 비중은 평소 자기 자신과 타인에게 어느 정도 고려하고 있는지의 지표가 된다. 사회적 시선을 의식한 자동차 지출은 타인의 시선을 얼마나 중요하게 생각하는지, 외부 시선에 어떤 모습으로 보이고 싶은지, 그 이면에 있는 불안과 공허까지 힌트를 준다. 하지만 가족용 차량으로 스포츠카를 선택했다고 해서 반드시 이기적인 선택은 아니다. 충분히 가족과 상의했고 가족들도 동의해 모두 원하는 선택이라면 문제 될 것이 없다. 직업상 고객을 태워야 해 세단을 선택하는 것 역시 직업적으로 중요한 판단이다. 어떤 단 하나의 기준이 옳은 것이 아니라, 선택마다 다양한 이유와 상황이 있다는 것을 기억하자.

중독. 도파민 자극 행동들.

현대 사회는 참 시끄럽다. 끊임없이 우리를 자극하는 것들로 가득하다. 손안의 스마트폰, 눈만 돌리면 가득한 음식과 쇼핑거리들…. 아무 생각 없이 이끌리는 대로 살다 보면 중독 행동들에 빠져들 수 있다.

인스타 등의 SNS, 유튜브 쇼츠가 대표적이다. 내가 가만히 있으면 자극적인 영상이 나에게 쏟아지고 나는 자극에 길든다. 음식과 술도 그렇다. 순간적인 만족감을 주지만 몰두할수록 내 삶의 시간이 뺏기고, 몸의 감각이 둔해진다.

게임은 또 어떤가? 가상공간에 들어감으로써 현실의 어려움을 잊게 하지만, 빠져들수록 가랑비 옷 젖듯 현실감이 잃어간다. 눈치 못 챌지도 모르겠지만, 대부분 실생활에 지장을 주는 것은 인지할 것이다. 과도한 쇼핑, 스트레스성 쇼핑. 공감하는 사람들이 많을 것이다. 스트레스받으면 막 구매한다는 사람들이 많다. 사놓고 안 쓰는 사람. 심지어 뜯지도 않는 경우도 꽤 있다. 쇼핑은 일시적인 만족감을 주지만, 내적 공허감을 채울 수는 없다. 재정적인 문제를 만들 수 있고, 쇼핑으로 소유 물건의 증가는 뇌 작업공간을 차지하여 나를 지치게 만든다.

중독에 따른 행동으로 인해 나온 도파민은 쾌락 중추를 활성화한다. 강한 쾌락, 즉각적인 즐거움이 행동을 야기한다. 심지어 쇼츠 같은 경우는 가만히 보고만 있으면 알아서 자극해 준다. 문제는 이러한 즐거움이 반복되면, 같은 정도의 즐거움을 느끼기 위해 더 많은 도파민이 필요해진다는 것이다.

우리가 소확행이라고 부르는 삶의 소소한 행복들, 편안함 등은 섬세한 뇌의 작업이다. 강한 도파민이 요구되는 상태에 놓일수록 섬세한 뇌의 선물들에 둔감해진다. 결국 자기 감각에까지 영향을 미쳐, 풍부하고 섬세한 감정을 알아차리거나 자기 내면의 소리를 듣는 능력이 줄어든다. 풍부하고 섬세한 타인과의 대화나 교감이 어려워진다. 얼마나 억울한 일인가?

자신이 도파민 자극의 악순환에 놓여있다고 생각된다면 벗어나 보자. 우선 자신이 어떤 상황에 놓였고 어떤 행동에 중독되었는지 인정하는 게 시작이다. 시작이 반이다. 많이 소개되고 있는 '도파민 디톡스'도 좋은 방법이다. 일정 시간 동안 도파민 자극 행위를 없애는 것이다. 도파민 반응에 자기 뇌를 리셋하는 것이다. 그리고 낮은 도파민으로도 행복감을 느낄 수 있는 섬세한 뇌 작업으로 나를 채우는 거다. 산책, 독서, 명상, 기도, 요리, 운동 등이 있다. 감각과 감정들도 다시 찾아주자. 미묘하고 풍부한 감각을 인지하고 감정들을 체크하자.

혼자서 이겨내기 어려울 정도인 경우도 많다. 그럴 땐 전문가의 도움을 구해보자. 자신의 어려움을 인정하는 것은 용기 있는 행동이다. 의지의 문제로 치부하지 말자. 앞서 설명했듯 도파민 등의 뇌 작동 방식과 연관되어 있다. 용기 내어 도움을 요청해 보자. 자신의 약점을 인정하는 것이 진정한 강함 아닐까?

직업

퇴직 같은 지위 변화

정년퇴직 후의 우울함은 흔히 접할 수 있는 이야기다. 여러 이유와 해결책이 있지만, 그중 하나는 '상황에 맞는 적응'이다. 정년퇴직을 예로 들어보자. 오랜 기간 일을 해왔다면 최소 20년은 넘었을 것이다. 일을 위해 일했고, 그 일에 익숙해졌기에 정년까지 버틸 수 있었다. 일반적으로 일에서의 기준은 성과와 성취이다. 이는 회사 내 위치나 사회적 위치로 반영된다. 성과가 좋을수록 높은 지위에서 존경받고, 성과 중심으로 살다 보면 가족 관계나 취미생활 등 다른 삶의 영역이 소홀해지기 쉽다.

정년퇴직을 하면 갑자기 다른 세상에 놓인다. 더 이상 성과를 낼 업무가 없다. 소소한 일거리를 찾아도 이전과 비교해 크기와 중요도가 너무 다르다. 반면 시간은 많아지고, 가족의 비중이 커지며 나이에 따른 건강 악화가 더 눈에 띈다. 과거 가치관으로 보면 자신은 더 이상 가치를 창출하지 못하고 가치 있는 위치에 있지 않다고 느껴진다. 특히 높았던 지위에서 받은 존경이나 의전 등 편의가 클수록 그 빈자리가 크게 느껴진다. 이로 인해 자존감이 떨어지고, 성취를 몰라준다는 생각과 무시당한다는 느낌을 받기도 한다.

세상에는 수많은 가치가 존재한다. 회사나 일은 성과 중심의 영역이었지만, 인생에는 다른 다양한 가치들이 있다. 각 나이와 상황에 따라 요구되는 가치와 책임도 달라진다. 새로운 지위에 적응하기 위해서는 성과 중심의 사고에서 벗어나, 다른 영역에서도 가치를 찾아야 한다. 성과만이 전부가 아니다. 신체와 마음의 건강이 없었다면 성과도 불가능했을 것이다. 또한 가족의 존재가 있었기에 일에 집중할 수 있었다. 하나의 가치였던 '일과 성과' 외에도 다양한 가치를 보고 새로운 위치에서의 가치를 찾으며 미래를 설계해 나가야 한다. 그곳에서부터 다시 시작하면 된다.

직위와 요구되는 능력

회사의 특성마다 다르지만, 어떤 회사든 그 자리에 맞는 능력은 필수적이다. 말단 직원에서 임원까지 올라간다고 생각해 보자. 각 단계마다 익혀야 할 것들이 다르다. 단지 운 좋게만으로 임원이 될 수는 없다. 다음 지위로 승진할 만한 능력을 보여줘야 가능하다. 대표자라면 속한 영역과 시장 전체를 바라보는 시야가 필요하며, 회사를 위한 올바른 결정을 할 수 있어야 한다. 직원들의 능력을 파악하고 적절한 자리로 배치할 줄도 알아야 한다. 부족한 부분이 있다면 도움을 받으면 된다.

직업마다 언젠가는 겪을 숙제 같은 상황들이 있다. 민원 담당자라면 언젠가 불만 민원인을 만나게 될 것이다. 금융업계라면 경기 침체를, 교사라면 아이들의 사고를 경험할 수 있다. 이런 상황들은 성장의 기회로 삼으면 된다. 실수를 통해서만 배울 수 있는 것들이 있다. 너무 자신을 다그치지 말자.

직업 선택의 힌트

좋아하는 것과 잘하는 것, 싫어하는 것과 못하는 것을 파악하면 직업 선택에 도움이 된다. 키가 작은데 스튜어디스를 고집한다거나, 꼼꼼하지 못한데 회계사를 하려 한다거나, 대인관계 스트레스가 큰데 단지 대기업이라는 이유로 서비스직을 선택한다거나, 동물을 좋아하는데 기업 실험실에서 일한다거나 하면 어려운 결과가 따르는 건 당연하다. 내가 잘하고 좋아하는 일은 무엇인지, 싫어하고 못 하는 일은 무엇인지 돌아보자. 잘하지만 스트레스가 심한 일이 있고, 좋아하지만 재능이 없는 일도 있다. 물론 중간 지점도 존재한다. 키가 작음에도 성공한 농구 선수나, 처음엔 못했지만 좋아서 열심히 하다 보니 잘하게 된 악기 같은 예시가 있다.

이러한 기준들은 참고 사항일 뿐 절대적인 기준이 아니다. 또한 힌트를 얻으려면 일정 수준의 충분한 노력 뒤에 판단하는 것도 중요하다. 처음에는 스스로 재능이 있다고 생각지 못하다가도 10년 이상 지난 뒤에 깨닫기도 한다. 좋아하지만 잘하지 못하는 일이라도 꾸준히 노력하면 잘하게 될 가능성도 있다.

삶에서 선택의 기준은 무수히 많다. 무엇을 선택하고 무엇을 포기할지, 어떤 기회를 잡고 어떤 기회를 놓칠지 우리는 끊임없이 선택한다. 중요한 순간에는 충분히 고민한 뒤 결정하기 바란다. 그러나 더 중요한 것은 하나의 선택을 평생 쥐고 있을 필요는 없다는 사실이다. 인생은 시행착오의 연속이고, 얼마든지 수정할 기회는 있다. 그러니 선택 앞에서 너무 불안해하지 말자.

가족

일과 가족의 구분

주로 남편에게 해당하는 부분이다. 배경 설명이 필요하다. 최근 들어 변화가 있지만, 우리나라에는 가부장적이고 유교적인 문화로 인해 남편과 아버지에게 주어지는 책임과 권위가 있다. 가장으로서 가족을 책임져야 한다는 생각과 동시에 남편이나 아버지로서의 권위를 존중받고 싶어 하는 마음이 있다. 이것은 의식적으로 드러나지 않지만 무의식적으로 깔려 있다. 그래서 평생을 일에 많은 에너지를 쏟게 된다. 경제활동은 성취가 중요하고, 성취를 잘할수록 사회적 인정이 따르며 효율적으로 일할수록 자기에게 유리하다.

이러한 역할과 책임에 대한 생각이 무의식적이다 보니, 성취나 효율 중심의 사고가 가정생활 전반에도 영향을 미친다. 빨리빨리를 외치는 남편과 외출 준비가 느린 부인의 경우를 자주 접하게 된다. 직장에서는 시간 효율성이 중요하지만, 가정에서는 외모 관리나 가족 돌봄 같은 요구가 있다. 이로 인해 갈등이 발생하는 경우가 많다.

남편이 사회적으로 성공한 위치에 있다면 사회적 지위에 따른 대우를 받는다. 그에 따라 가정에서도 비슷한 대우를 기대하게 된다. 원하는 대우를 받지 못하면 무시당했다고 느끼거나 존중받지 못한다고 화를 내기도 한다.

일은 금전적 보상을 바탕으로 한 경제적 활동이다. 성취와 보상이 중심인 문화다. 가족은 다르다. 가족은 사랑과 애정을 바탕으로 만들어진, 서로 주고받는 관계다. 남편이 힘들 때 부인이 도와주고, 부인이 힘들 때 남편이 도와준다. 아이들이 힘들 때 위로받고 쉴 수 있는 공간이고, 자라서는 부모를 돕기도 한다.

여성은 임신 기간 동안 호르몬 변화를 겪으며, 배 속 아기의 존재를 느끼고 교감을 시작한다. 출산 후에는 아기에게 맞춘 생활을 하며, 애정과 돌봄의 능력이 자연스럽게 성장한다. 육아는 효율보다는 아기의 필요에 맞추는 것이 중요하다. 이 순간 엄마의 욕구는 없다. 여성이 거치는 이러한 시간으로 인해 맞벌이 엄마는 맞벌이 아빠보다 무의식적으로 일과 가족의 차이를 더 분명히 인지한다.

일에 관련한 성취나 효율성을 가족에게 적용하면 갈등이 발생하기 마련이다. 결국 아버지는 가족 안에서 겉돈다고 느낀다. "내가 가족을 먹여 살리는데 왜 바꿔야 하지?"라는 생각이 든다면, 자신에게 가족이 어떤 의미인지 다시 생각해 보아야 한다. 내가 원하는 가족은 어떤 모습인가? 서로의 마음을 주고받는 관계가 아니라, 돈 계산만 하는 관계인가?

나이가 들어 경제력이 떨어질 때가 오면, 경제력만이 자신의 권력이고 위치라고 생각한 사람은 불안해한다. 가족은 그런 집단이 아니다. 회사도 아니고 이익 집단도 아니다. 가족은 사랑을 바탕으로 한 공동체다. 성취나 효율 같은 경제적 마인드가 아니라, 동등한 부부와 보듬을 아이들로 이루어진 사랑의 공동체다.

나를 바꾼다는 것이 지는 것 같아 억울할 수도 있다. 하지만 가족에 대한 배려를 통해 결국 자신을 돕는 것이다. 서로를 존중하고 애정을 주고받으며, 서로에게 기대고 도울 수 있는 가족이라는 소중한 선물을 스스로에게 주는 것이다.

가족의 가치관과 문화.

사람이 태어나서 처음 만나는 세상은 가족이기에, 가족의 가치관, 습관, 태도 등이 개인에게 녹아든다. 술이 일상인 가족이 있다. 좋은 일이 있으면 축하하려고 술을 마시고, 힘든 일이 있으면 속상함을 달래려고 술을 마신다. 친구를 만나면 분위기를 화기애애하게 만들려고 술을 마신다. 부모가 교육하지 않았지만, 이 가족 안에서 자란 아이는 속상한 일이 생기거나, 축하할 일이 생기면 술을 찾을 것이다.

또 세상의 인정이 중요한 부모라고 치자. 늘 세상의 평가가 중요했던 부모님을 보았고 아이는 세상의 평가를 기준으로 하는 질책과 응원을 들어왔다. "세상의 인정이 중요해!"라고 듣지는 않았지만, 삶에 녹아있기에 세상의 눈치를 보는 아이가 된다.

어린 시절, 즉 성인이 되기 전에는 어쩔 수 없이 영향을 많이 받을 수밖에 없다. 성인이 되었고, 무언가 옳지 않은 가족의 가치관이나 문화가 있다고 판단했다면, 인지했다면 멈추고 사실을 바라보자. 가족의 가치관 문화와 자기 것의 차이를 보고 옳은 방향을 확인해 보자. 이런 것을 '역동일시'라고 부른다. 앞서 가정 환경에 따른 행동을 "동일시"라고 할 수 있다. 반대로 역동일시는 닮지 않으려는 것이다. 아버지가, 어머니가 싫어서, 닮고 싶지 않아서 정반대를 선택한다. 그러다 보니 그분들이 가진 장점까지도 잃어버리는 상황이 벌어진다. 술 마시고 화내는 아버지가 싫어서 금주를 하는 것까지는 좋은 선택이었지만, 화 자체를 부정하는 것이다. 화라는 감정을 거부하다 보니 자신이 거부한 화는 자기 안에 차곡차곡 쌓여서 자신을 무너뜨리기도 한다. 아버지의 사람과 잘 어울리는 면도 거부하다 보니 아웃사이더가 되어 버리는 경우도 있었다.

옳지 않은 동일시도 자신을 힘들게 하지만, 역동일시도 자신을 괴롭힌다. 당연히, 옳은 가치관과 멋진 문화를 가진 가족도 많다. 멋진 것들도 잘 발견하자. 발견한 것들을 키워나가고, 멋진 가치관과 문화를 더 만들어주자.

관계

소중한 존재와의 이별 그리고 이별 준비하기

사람은 태어나고 죽는다. 나도 그렇고 내 부모님도, 나의 자녀들도, 내 친구들도, 모르는 사람들도 마찬가지다. 삶에는 탄생으로 인한 만남과 죽음으로 인한 이별이 있다. 모두 가까운 이의 사망으로 인해 아파한다. 떠나보내기가 힘들어 우울에 빠지고, 일상생활이 어려워지고, 심지어 죽고 싶어지기도 한다. 사별로 인한 고통의 정도는 혈연관계의 가까움이 아니라 그 사람이 나에게 얼마나 의미 있는 존재였는가에 따라 달라진다. 삶의 의미를 잃었을 때 힘이 되어준 연예인의 죽음이 유독 아픈 이유가 그것이다. 사람만이 아니다. 가족이자 친구였던 반려동물을 떠나보내는 슬픔 또한 크다.

이별의 고통에서 가장 안타까운 부분은 죄책감이다. 사랑하는 만큼 아프다. 그래서 생전에 해주지 못한 일들을 떠올리며 자책한다. 더 잘해줄걸, 더 아껴줄걸, 매일 병문안을 갈걸, 화내지 말걸, 병원에 진작 갈걸, 작은 부탁이라도 들어줄걸….

남편을 너무 사랑해 몇 년간 병간호를 도맡았던 분이 있었다. 간병인의 케어가 마음에 차지 않아 거의 모든 일을 직접 했다. 잉꼬부부였던 만큼 그 정성은 이루 말할 수 없었다. 남편이 세상을 떠난 뒤, 그분은 하지 않아도 될 자책까지 하며 괴로워했다. 수많은 이별을 보며 깨달은 것은, 아무리 잘했더라도 사랑한 만큼 후회와 아픔이 따른다는 사실이다. 죄책감은 잘못 때문이 아니라 사랑 때문이다.

더 가슴 아픈 것은 떠난 이에 대한 기억이다. 병원에서 초췌해진 모습, 아파서 달라진 모습, 염할 때의 모습을 반복해 떠올리며 괴로워한다. 그러나 떠난 이를 사랑했던 이유는 그런 모습 때문이 아니다. 소중하고 아름다운 순간들을 나눴기 때문이다. 그 긴 시간을 뒤로하고 마지막 아팠던 순간만을 기억하며 고통받는 경우가 많다. 얼마나 속상한 일인가. 언젠가는 누구나 죽는다. 내가 세상을 떠날 때 사랑하는 이들이 나를 어떻게 기억해 주길 바라는가? 죄책감에 파묻히기를 원하는가? 내 아팠던 모습이나 입관 전의 모습을 기억하길 바라는가? 아니지 않은가! 내가 그토록 아파하고 사랑했던 이유, 내가 받았던 사랑과 내가 사랑했던 모습, 따뜻하고 고마운 기억들만을 떠올리고 가슴에 담아주길 바라지 않는가?

이별을 준비하는 과정도 이와 비슷하다. 사랑하는 만큼 아프고 죄책감을 느끼게 된다. 떠날 이가 어떤 마음이면 좋을까? 남은 시간 동안 아픈 이에게 미안함과 죄책감을 느끼기보다는, 함께 나눴던 아름다운 기억을 되살릴 수 있으면 좋겠다.

만약 긴 간병 기간을 보내고 있다면 미안하지만 솔직한 말을 해야겠다. "긴 병에 효자 없다."는 말이 있다. 누구나 지치게 마련이다. 간병하는 사람은 자신의 일상도 살아야 하고, 미래도 생각할 수밖에 없다. 아픈 사람 앞에서 이런 생각을 하는 것 자체가 이기적이고 몹쓸 짓처럼 느껴진다. 긴 간병을 하는 경우라면, 자신의 복잡한 마음들을 나누어야 한다. 아픈 이에 대한 마음과 간병 자체를 구분해야 한다. 간병으로 인한 소진과 지침은 아픈 사람을 향한 마음이 아니다. 혼동하지 않기를 바란다.

죄책감이 아니라, 함께 나눈 소중한 마음과 멋진 기억을 주고받을 수 있으면 좋겠다. 떠나는 사람도, 남는 사람도 아름답게 나눈 기억과 따뜻한 마음을 품고 이별의 순간을 맞이할 수 있기를 바란다.

거절하기

많은 사람이 '아니요.'라는 말을 어려워한다. 타인의 인정이 중요한 사람들. 상대가 떠나갈까 두려운 사람들이 거절하기 힘들어한다. 타인에 대한 배려심 깊은 사람들도 그렇다. 사람들을 잃을까 봐. 상대를 실망하게 할까 봐. 불편하게 만들까 봐. 좋은 사람이 되고 싶어서. 거절했다가 갈등이 생길까 봐…. 다양한 이유로 거절을 못 한다. 결국 거절을 못 하고 yes만을 하다 보니 직장이나 가족 내에서 일이 가득하게 되어 감당하기 힘든 지경이 되기도 한다.

사실 거절은 이기적인 행동이 아니라, 자신을 아끼고 보호하는 용기 있는 행동이다. 상처받은 자존감이 치유되기도 한다. 우리는 마르지 않는 샘이 아니다. 한정된 에너지와 시간을 가진 사람들이다. 자신의 한계를 인식하고 거절할 줄 알아야 불필요한 소모, 스트레스를 막고 내가 원하는 사람들과 원하는 영역에 마음과 힘을 쏟을 수 있다. 내가 힘이 있어야 원하는 곳에 더 많이 나눠줄 수 있다. 상대가 정말로 필요할 때 도와줄 수 있다.

거절은 상대에 대한 정보를 주기도 한다. 합당한 거절에 화를 내는 사람이라면, 내 거절의 이유인 힘듦보다 자신의 필요만을 생각하는 사람에 대해서는 어떻게 생각하는가? 앞서 2장에서 소개했던 테이커, 매쳐, 기버를 떠올려보라. 항상 내가 도움을 주어야 하는 사람이라면 상대는 어떤 사람에 해당하는 것 같은가? 새로 사귀고 싶은 사람인가? 내 삶에 어떤 위치에 두고 싶은가?

거절은 '상대 거절하기'가 아니다. 내 상황으로 원래 없던 도움을 '주기'를 안 할 뿐이다. 죄책감을 가질 문제가 아니다. 상대와 공존하는 부드러운 방향으로 상황을 전달하자. 팁이라면, 간결하고 솔직하게 말하는 것이 좋다. 내 도움 대신 다른 대안을 알려주는 것도 좋다. 도움을 청할 만큼 나를 인정했다는 것에 고맙다는 표현을 해주는 것도 분위기를 부드럽게 한다. 임기응변 어려운 거절하기 초보라면 "나중에 대답해 주겠다."라며 시간을 버는 것도 좋은 방법이다. 자신만의 건강한 거절 노하우를 만들기를 권한다.

도움 주고받기

우리는 사회적 존재다. 무인도에 살지 않는 한 타인과 관계를 맺게 되고 도움을 주고받으며 산다. 모르는 누군가 엘리베이터 문을 잡아주었고, 물건을 주워주었다. 버스 기사가, 택시 기사가 친절한 인사를 건넸다. 모르는 이들과도 이런데, 가까운 이들에게서도 놓치는 것이 있을 것이다.

　내가 늘 도움받는 쪽이라면 도움을 주는 것은 중요하다. 내가 받기만 한다면 상대는 지칠 것이고 언젠가 그 관계는 무너진다. 받은 도움에 보답하거나, 감사함을 표시하는 것은 중요한 일이다. 상대의 마음을 알아주는 일이다. 상대와의 관계에 상호 존중의 씨앗을 심는 일이다. 언젠가 씨앗은 싹을 틔운다.

　반대로 내가 늘 도움을 주는 쪽이라면 상대의 도움을 받을 수 있는 것이 중요하다. 도움받기에 익숙하지 않은 사람에겐 꽤 힘든 일이다. 도움받기를 약함이라고 여기거나, 과도한 배려로 상대에게 부담을 줄까 봐 도움받지 못하는 경우가 많다.

　상대가 선의로 베푸는 도움을 받는 것은 사실 상대를 사랑하는 행위다. 예를 들어 도움받기를 못하는 사람이 도움을 요청하고 받아들인다는 것은 "도움을 받아들일 만큼 상대를 믿는다."라는 의미이기도 하다. 나를 도우려는 상대의 애정을 허락하는 것이다. 당신은 어떤 사람을 돕고 싶은가? 어떤 사람을 더 돕고 싶은가? 마음이 가는 사람, 내가 아끼는 사람일수록 더 돕고 싶다. 한데 상대가 내 도움을 거절했다. 마음이 어떻겠는가? 속상하고 안타까울 것이다. 상대가 내 도움을 받아 어려움을 잘 해결했다면 당신 마음은 어떻겠는가? 만족감을 느낄 것이다. 기쁘고 행복할 것이다.

　도움. 좋은 마음…. 주고받기는 아름다운 선순환이다. 주기만, 혹은 받기만 하는 것은 건강하지 않다. 순환이 아닌 일방적인 흐름이다. 주기만 하는 누군가는 고갈되거나 탈진할 수 있다. 받기만 하는 누군가는 이기적인 존재로 고립된다.

관계의 선택

　나와 깊은 관계를 맺을 사람을 선택하는 것은 매우 중요하다. 내 삶의 질이, 인생의 방향이 결정될 수 있다. 내가 기버인데 테이커와 가까이 지낸다면 어떻겠는가? 상대를 존중하지 않는 테이커, 더 나아가 착취하는 나르시시스트라면? 일방적으로 자신을 소모할 수밖에 없다. 내 감정과 노력은 무시당하고 소모되며 자존감마저 상처받게 된다. 좋은 사람이더라도 나와 가치관이 다르거나 살아가는 방식이 다를 수 있다. 이때는 옳고 그름이 아닌 다름의 문제다. 가치관의 차이는 잦은 마찰을 일으키고 오해를 만들기 쉽다. 삶의 중요한 방향성에서 공감대를 이룰 수 있는 관계를 만났다면 소중히 여기기를 바란다. 그렇다고 모든 관계를 끊고 맞는 사람과만 어울리라는 말은 아니다. 못된 사람이더라도 좋은 면이 있다.

　우리는 깊은 마음을 나눌 수 있는 사람, 가까운 지인, 만나면 즐겁지만 잘 모르는 사람, 일과 관련된 관계 등 여러형태의 관계들을 맺으며 살아간다. 관계의 깊이에 따라 내가 허용하고 싶은 특성이 있을 수 있다. 또 상대에 따라 허용하고 싶은 깊이가 다를 수도 있다. 그런 면들을 보고 건강한 거리에서 관계를 유지하는 것은 필요하다.

나르시시스트와의 관계

　나르시시스트는 자기도취적이고 자기중심적인 사람이다. 이들은 자신감이 넘쳐 보이기도 하고 리더십이 강한 것처럼 보이기도 하며 언변이 뛰어나기도 하다. 하지만 자기중심적인 특성으로 인해 자신의 이익과 감정을 우선시하며, 주변 사람들을 잘 보지 못한다. 따라서 주변 사람들을 착취하며 공감 능력도 부족하다.

　나르시시즘에도 정도의 차이가 있다. 자기중심성이 약한 경우부터 심한 경우까지 다양하다. 타인에게 피해를 주지 않는 경우도 있지만, 피해를 크게 주는 경우도 있다. 자신의 문제를 알아서 노력하는 사람도 있고, 전혀 인지하지 못하거나 노력하지 않는 사람도 있다.

　나르시시스트는 전형적인 테이커이다. 때로 진료실에서 '나르시시스트'라는 단어가 나오면 불편해하는 모습을 본다. 이런 글을 쓰고 있는 나도 당신의 부모가, 배우자가 나르시시스트 같다고 말하는 것은 조심스럽다. 이런 개념으로 상대를 바라보는 것이 미안하고 잘못된 것처럼 느껴지기 때문이다. 지적과 비난처럼 느껴지기 때문이다. 그렇다면 테이커의 개념으로 생각해 보는 것도 좋다.

　주변에 나르시시스트나 테이커가 있다면 꼭 알아차리기 바란다. 이들을 인지하지 못한 채 곁에 있으면, 아무리 해줘도 만족하지 않는 상대의 비난과 요구로 인해 자책하고, 자신을 소모된다. 끊임없이 혹사하는 것이다.

　누군가의 마음과 노력이 당연하게 여겨지고 착취되는 것은 잘못된 상황이다. 문제를 직면하는 것이 어려울 수도 있다. 상대가 왜 나르시시스트인가, 내가 왜 이 상황인가를 깊게 파고들지 않아도 좋다. 그러나 상대가 나르시시스트 성향이 있고 내가 과도하게 주고 있다는 사실만큼은 알아차려야 한다. '내가 나르시시스트 혹은 테이커 곁에서 일방적으로 주고 있구나.'를 깨닫는 것만으로도 상황은 달라질 수 있다.

관계의 키는 나에게 있다. 내 책임과 의무 이상을 주지 말지는 온전히 나의 선택이다. 상대에게는 이를 요구할 권리가 없다. 관계를 어떻게 할지, 어디까지 선을 그을지는 내 선택이다.

나르시시스트가 상사, 가족과 같이 가까운 관계인 경우가 많다. 이런 현실을 객관적으로 볼 수 있고 상대가 내 인생에 중요한 사람이 아니라면 선을 긋거나 떠나는 선택을 하는 것이 자신을 지키는 방법이다. 하지만 배우자, 부모, 자녀라면 선택이 어렵다. 어떤 이는 소모되는 것을 알면서도 남는 선택을 한다. 상대를 너무 사랑해서 옆에 있기를 선택하기도 한다. 이런 선택을 하는 이들에게 "꼭 선을 그으세요!", "도망쳐야 합니다!", "하지 않으면 당신이 틀렸습니다!"라고 말하는 것은 아니다. 선택은 자신의 몫이다. 하지만 그 상황의 본질만큼은 꼭 알고 있기를 바란다.

내현적 혹은 외현적 나르시시스트

일반적으로 나르시시스트는 오만하고 과시적이고 자신감 넘치는 모습이다. 이런 나르시시스트는 '외현적 나르시시스트(overt narcissist)'

이고, '내현적 나르시시스트(covert narcissist)'라는 개념도 있다.

내현적 나르시시스트는 겉보기에는 수줍고 자존감이 낮은 것처럼 보이기도 한다. 나르시시스트라고 생각 못 하기 쉽다. 하지만 내면에는 특권의식과 타인에 대한 경멸, 인정욕구가 있다. 자신이 힘든 상황에서 얼마나 노력하는지, 얼마나 훌륭한지 알기를 바라며 간접적으로 표현하여 타인의 동정심을 가지게 한다. 은밀한 방식으로 타인을 통제하려 하기 때문에 알아차리기 어렵고, 가까이 있는 사람은 정신적으로 지치게 되며 내현 나르시시스트가 바라는 대로 행동하기 쉽다.

내현적 나르시시스트의 특징

- 진정한 공감이 안 된다. 티 내지 않으려 하지만 인정욕구가 심하고 민감하다. 은밀하게 자기 자랑을 한다. 거절이나 사소한 비판에도 쉽게 상처받고 방어적으로 된다. 타인의 관점이나 피드백을 원치 않는다. 겉으로는 공손하지만, 공격의 말이 들어가 있다. 간접적으로 요구하고 침묵하거나 비꼰다.
- 겸손한 척하지만, 마음속으로 자신이 특별하고 우월하다고 믿는다. 세상이 뛰어난 자신을 몰라준다고 생각한다. 자신을 피해자라고 생각하고 자기연민이 많다. 자신이 항상 옳다고 생각하고 남 탓이라고 여긴다. 흠 없고 선량한 이미지를 지키려고 노력한다.
- 주변 사람이 새로운 것을 도전할 때 얕잡아보고 기를 꺾는다.

타인의 성공에 부정적으로 반응하고 평가하거나 지적한다. 은근한 비난을 사용하여 타인을 조종하거나 불만을 표현한다.
- 무능감과 부적절한 느낌이 공존하기에 열등감이 드러날까 두려워하고, 친밀하고 깊이 있는 대인관계를 잘 맺지 못하고 회피하는 경향이 있다.

마음 돕기

실패

한국 사회는 빠름을 원하고 성공을 원하며 경쟁과 비교를 당연시한다. 그래서 실패하면 안 되고, 완벽해야 한다. 흔히 말하는 성공 루트가 있으며 그 길에서 벗어나면 안 된다고 믿는다.

학창 시절 흔히 겪는 동기부여 방식 중 하나가 미래에 대한 불안감을 키우는 것이다. "나중에 뭐 될래?"라는 질문이 그것이다. 어린 시절 싫었던 그 질문을 무의식적으로 스스로에게 반복하는 사람들이 많다. "나중에 뭐 해 먹고 살지?" "잘릴지도 몰라." "나태해지면 큰일 난다." "더 잘해야 한다." "나보다 잘하는 사람이 많다." "다들 하는 거다." 실수하거나 실패할 때마다 상처는 더 커진다.

어린 시절의 건강한 실패 경험은 유연함을 길러준다. 성인이 되어 처음 실패를 겪으면 충격이 클 수밖에 없다. 평생 하와이에서만 살던 사람이 갑자기 북극에 가게 된다면 어떨지 상상해 보라. 아마도 엄청난 충격일 것이다. 성공한 사람들이 실패가 없었다고 생각한다면 오산이다. 실수와 실패는 회복 탄력성을 키워준다.

무엇보다 실패와 실수의 큰 혜택은 성장이다. 실수와 실패는 누구나 겪는다. 중요한 것은 실패 자체가 아니라 실패를 어떻게 받아들이고 무엇을 배우는가다. 실패를 통해 배우고 내가 성장하는 기회로 만들 수 있다.

A 씨는 고객 응대 업무로 사회생활을 시작했다. 좋은 손님도 있었지만 블랙컨슈머들도 꽤 있었다. 한번은 너무 힘든 컨슈머 때문에 그만둘 뻔했지만, 배웠던 여러 비결과 주위의 도움으로 위기를 넘겼다. 몇 년 후에 원래 하고 싶었던 작은 식당을 차렸다. 소중한 손님도 만났지만, 작은 것에 따지고 꼬투리 잡는 손님도 만났다. 직장 생활을 할 때 배웠던 고객 응대 기술이 큰 도움이 되었다는 것을 깨달았다.

C 씨의 부인은 금전 문제로 늘 다투었던 부모님 아래서 컸다. 어릴 때 부모님의 다툼이 불안했고 너무 힘들었다. 하지만, 덕분에 어려서부터 경제적인 부분에 휘둘려서도 안 되지만, 무시해서도 안 된다는 것을 원하는 가치관에 대해, 대처법에 대해 고민해 왔다. C 씨가 미숙한 경제적 관념으로 고민할 때, 부인은 C 씨에게 멋진 조언을 해주고 부부의 경제 상황을 건강하게 이끌 수 있었다.

실수와 실패는 누구나 겪는다. 중요한 것은 실패 자체가 아니라 실패를 어떻게 받아들이고 성장하는지다. 실패를 통해 배우고 성장할 수 있다. 어린 시절의 건강한 실패 경험은 유연함을 길러준다. 회복 탄력성을 키운다. 실패가 없었다고 생각한다면 오산이다. 성인이 되어 처음 실패를 겪으면 충격이 클 수밖에 없다. 평생 하와이에서만 살던 사람이 갑자기 북극에 가게 된다면 어떨지 상상해 보라. 아마도 엄청난 충격일 것이다.

실패에 대한 두려움과 연관된 또 한 가지는 완벽주의다. 완벽하지 않으면 안 된다고 믿으며 자신을 괴롭힌다. 완벽하지 못하면 실패했다고 여긴다. 100점을 목표로 삼는 건 좋다. 그러나 "100점이 아니면 안 돼!"라는 태도는 문제다. 100점은 목표이면 된다. 누구나 처음엔 0점이었다. 10점도 성취고, 30점도 성장이다. 100점을 목표로 해나갈 때, 30점, 50점, 90점. 어느 순간엔 150점일 수도 있다. 실패와 완벽하지 못함에 대한 두려움은 나를 쫓기듯 달리게 만든다. 쫓겨서 달리는 것이 아니라, 원해서, 즐거워서 달릴 수 있다면 얼마나 좋을까.

비교

비교로 인해 고통받는 사람이 너무 많다. 하지만 타인과의 비교는 함정이다. 타인과의 비교를 시작하면 누가 더 낫고 누가 더 못한지를 계속 평가하게 된다. 그 누구도 늘 1등이 될 수는 없다. 서울 인구는 천만에 가깝고, 한국 인구는 5천만이 넘으며, 전 세계 인구는 약 84억 명이다(2024년 기준). 그 안에서 특출나지 않은 이상 1등은 불가능하다. 항상 1등은 더욱 불가능하다.

비교의 기준은 대개 자기 주변 사람들이다. 자신보다 나아 보이는 사람과 비교하면 자존감이 낮아지고, 반복되면 불안과 우울에 빠진다. 이 비교가 과연 옳은가? 꼭 비교를 해야 한다면 제대로 해야 하지 않을까? 나보다 나은 사람을 보면서 괴로워한다면, 동시에 나보다 뒤처진 사람을 보기도 한다. 누군가는 자신보다 나아 보이는 타인의 흠을 잡아 끌어내리면서 스스로를 위로한다. 이렇게 하지 않으면 자신이 못나고 불행하게 느껴지기 때문이다.

사실 누구나 어떤 면에서는 누군가보다 못하고, 또 어떤 면에서는 누군가보다 낫다. 모든 사람이 그렇다. 하지만 타인이 나보다 잘났다고 해서 그것이 나와 무슨 상관인가? 나 또한 누군가보다 뛰어난 면이 있고, 모든 사람이 그렇다. 성실성, 능력, 체중, 외모 등 어느 것이든, 누군가는 내 앞에 있고 누군가는 내 뒤에 있다. 그러므로 내가 다른 사람보다 뛰어나야만 행복하고 편안한 삶이라면, 그 사람은 평생 힘들 수밖에 없다.

비교의 기준은 각자 중요하게 여기는 것이 다르다. 누군가는 외모만 중요하게 생각하고, 누군가는 경제적 요소만 중요하게 여긴다. 누군가는 가족 관계가 삶의 핵심이다. 나는 누군가와 비교하며 상처받기 위해 사는 것이 아니다. 내 인생을 살아가는 것이며, 그 인생을 어떻게 살아갈지는 내가 정하는 것이다.

타인이 나보다 뛰어나다면 그로부터 배울 수 있다. 선한 경쟁을 통해 자극받을 수도 있다. 내가 뒤처져도 축하해 줄 수 있고, 내가 앞섰다면 상대도 나를 축하할 수 있는 것이 건강한 태도다. 건강한 비교는 타인이 아니라 과거의 자신과 하는 것이다. 어제보다 더 성장한 오늘의 나를 칭찬하며 살아가는 것이 나를 위한 진짜 비교가 아닐까?

감정 인지하기

우리는 매일 다양한 감정을 겪는다. 즐거움, 기쁨, 슬픔, 분노, 불안, 행복 등 모든 감정은 우리 삶을 구성하는 중요한 요소다. 하지만 가지고 싶지 않은 감정이어서, 약해 보일까 봐…. 등의 여러 이유로 억누르거나 외면하는 경우가 많다. 오랜 기간 외면하다 보면 나중엔 인지조차 못하기도 한다.

감정은 내 상태를 알려주는 내면의 신호다. 일상과 행위의 결과이기도 하다. 감정을 알아차리고 인정하는 것은 나를 소중히 대해주는 방법이기에 자존감과도 연결되어 있다. 자신을 소중히 생각하는 사람을 상상해 보라. 자기 생각. 가치관, 그리고 자신의 감정도 존중할 것이다.

자신의 감정을 존중하기 위해서는 솔직해야 한다. 감정을 있는 그대로 보고 인정할 수 있어야 자신을 도울 수 있다. 감정에 젖어 들라는 말이 아니다. 분노에 차 있으면 자신을 도울 수 없다. 혹은 분노를 인정하지 않고 속으로 쌓아두면 자신 안에서 곪는다. 분노를 인정하고 바라보면 그 크기는 작아진다.

감정을 약하다고 보는 사람들이 있다. 약점이 드러나면 자신의 강함이 줄어든다고 여기는 사람을 상상해 보라. 사실 진짜 강한 사람은 자신의 약점마저 포용할 수 있는 사람이다. 약점도 소중한 내 일부다.

용서하기

누군가에게 깊이 상처를 받았을 때, 용서하라는 말은 억울하고 듣기 힘든 조언이다. 아무리 냉철한 사람이라 해도 강렬한 감정 앞에선 흔들리고 휘둘린다.

화에 사로잡힌 하루를 떠올려보자. 그 감정이 얼마나 많은 시간과 에너지를 갉아먹었는지, 불필요한 갈등을 만들고 소중한 순간들을 놓치게 했는지. 즐거울 수 있었던 순간은 분노의 그림자에 가려지고, 평화로워야 할 시간은 복수심이나 원망으로 채워진다

단 하루만으로도 엄청난 손실인데, 이 분노가 며칠, 몇 달, 심지어 몇 년까지 이어진다면 어떨까? 그것은 단순히 시간을 낭비하는 것을 넘어, 자기 삶에서 행복과 평온의 큰 부분을 잃는 것과 다름없다. 분노는 마치 독처럼 내면을 잠식하며, 자신을 과거의 고통에 묶어둔다.

이런 상황에서 '용서하라.'는 말이 공허하게 들릴 수도 있다. 하지만 용서의 가장 큰 수혜자는 다름 아닌 바로 당신 자신이다. 용서는 가해자를 위한 것이 아니라, 스스로에게 주는 가장 값진 선물이다.

용서는 상대방의 잘못을 잊거나 묵인하는 것이 아니다. 또한 그 관계를 다시 시작해야 한다는 의미도 아니다. 진정한 용서는 자신의 마

음속에서 분노와 원망의 족쇄를 풀어주는 행위이다. 감정의 짐을 내려놓음으로써 당신은 비로소 과거의 고통에서 벗어나 자유로워질 수 있다.

용서는 당신이 더 이상 그 사건과 사람에게 휘둘리지 않고, 당신의 감정과 삶의 주도권을 되찾는 과정이다. 분노의 늪에서 벗어나 당신의 소중한 에너지를 현재와 미래의 행복을 위해 사용할 수 있게 된다. 선택은 자신이 만드는 것이다. 계속해서 분노라는 무거운 짐을 짊어지고 살 것인가? 아니면 용서라는 선물을 통해 진정한 자유와 평화를 선택할 것인가?

죄책감

화는 타인뿐만 아니라 자신이 대상이 될 수도 있다. 무언가 뜻대로 풀리지 않았을 때, 우리는 종종 강력한 부정적인 감정에 휩싸인다. 화와 분노가 되었을 때, 이 감정은 크게 두 가지 방향으로 표출되곤 한다. 하나는 타인에게 화를 내는 것이고, 다른 하나는 자기 자신에게 화를 내는 것이다. 후자가 바로 자책과 죄책감이다.

자책과 죄책감은 언뜻 보면 스스로를 돌아보는 것처럼 보이지만, 사실은 함정에 가깝다. 자책과 죄책감은 마치 독처럼 우리 마음속에 스며들어 스스로에게 깊은 상처를 내고 분노를 퍼붓게 만든다. 이러한 자기 파괴적인 감정은 우리를 무기력하게 만들고, 문제 해결을 위한 행동을 하지 못하게 만든다.

때로는 상대를 위하는 마음에서 죄책감이 시작되기도 한다. '내가 잘못해서 상대방이 힘들어한다.'라는 생각은 자연스럽다. 하지만 이 죄책감에 깊이 빠져들수록, 우리는 자신을 갉아먹고 망가뜨린다. 그 결과, 정작 상대방을 위해 올바르고 필요한 반응을 하지 못하게 되고, 결국 관계마저 망가뜨리는 악순환으로 이어진다. 죄책감은 상처받은 관계를 회복시키기보다 오히려 더 깊은 골을 만들 수 있다.

만약 자신이 정말로 잘못을 저질렀다면, 죄책감이라는 늪에 빠져 허우적거릴 것이 아니라, 잘못을 반성하고 책임을 지는 것이 중요하다. 진정한 반성은 과거의 실수를 통해 배우고, 앞으로 나아가기 위한 첫걸음이다. 책임은 단순히 후회를 넘어, 구체적인 행동으로 잘못을 바로잡으려는 의지를 의미한다. 죄책감은 자신을 과거에 묶어두지만, 반성과 책임은 자신을 성장시키고 미래를 향해 나아가게 한다.

자기 사랑하기

상담에서 자주 질문을 받는다.

"자기 사랑을 어떻게 하나요? 필요하다는데 어떻게 하는지 모르겠어요."

우리는 종종 타인을 사랑하고 배려하는 것이 가장 숭고한 가치라고 생각한다. 타인에 대한 사랑은 중요하다. 하지만, 그에 못지않게, 아니 어쩌면 근본적으로 자기 자신을 사랑하는 일이 더 중요하다. 내면이 비어 있다면, 누구에게도 진정으로 충만한 사랑을 줄 수 없다. 자기 사랑은 건강하고 아름다운 관계를 위한 가장 견고한 토대다.

스스로에게 유독 가혹한 편이라면, 끊임없이 자신을 타인과 비교하며 부족하다고 느끼거나, 작은 실수에도 지나치게 자책하는 습관이 있다면, 자신을 해치는 마음의 습관에서 벗어나자. 스스로에게 엄격한 사람일수록 때로는 따뜻한 자기연민이 절실히 필요하다. 타인의 평가를 의식하거나, 끝없는 비교와 비판, 그리고 불필요한 자책은 자신을 서서히 손상시킨다.

진정한 자기 사랑은 내 마음의 중심을 외부의 기준이나 타인의 시선에 두지 않고, 자기 자신에게 두는 것에서 시작된다. 외부의 평가에 흔들리지 않고, 내 가치와 필요에 귀 기울여보자. 만약 자신을 끊임없이 소모하고 지치게 만드는 환경에 놓여 있다면, 용기를 내어 그 환경으로부터 자신을 보호하고 건강한 거리를 두는 지혜도 필요하다. 자신을 돌보는 것은 이기심이 아니라, 지속 가능한 삶을 위한 필수적인 자기 보호다.

반대로, '강한 척'하는 것이 자신을 지키는 방법이라 생각하는 사람들도 본다. 언제나 완벽하고 강한 모습만을 보이려 애쓰다 보면, 원래 내 모습은 아니기에 노력이 필요하다. 점점 더 큰 노력을 해야 한다. 정작 자신도 내면의 약한 부분을 놓치게 되고, 주변 사람들 또한 내 진정한 모습을 이해하기 어려워진다.

자기 사랑은 '자기만 사랑하자'라는 배타적인 주장이 아니다. 나 자신을 온전히 아끼고 이해할 때, 우리는 타인의 아픔에 진정으로 공감하고 그들을 포용할 수 있다. 나를 사랑하고, 상대를 아끼고 배려하는 것. 이러한 균형이야말로 우리 삶을 더욱 풍요롭고 의미 있게 만드는 것이 아닐까? 이 소중한 균형을 찾기를, 만들어 나가길 바란다.

쉼

우리는 참 바쁘게 산다. 그 일상에서 치여 쉬는 일을 잊고 지내기 쉽다. 잠이 아깝다는 말도 자주 듣는다. 우리는 기계가 아니며 시간과 에너지에는 한계가 있다. 우리에겐 반드시 쉼이 필요하다. 쉬어야 할 때를 아는 일도 중요하다.

몸이 지치면 마음도 함께 지친다. 과도한 피로는 판단력을 흐리게 하고 작은 일에도 금세 짜증이 난다. 무리한 일정을 무작정 소화하기보다 미리 자신의 한계를 인지하고 여유 있게 계획하는 지혜가 필요하다. 잠시 멈춰 에너지를 충전하는 일은 나약함이 아니라 더 멀리 나아가기 위한 현명한 전략이다.

마음도 마찬가지다. 마음이 지치고 여유가 사라지면 삶의 균형이 무너지고 모든 것이 삐걱거리기 시작한다. 생각할 공간과 관계를 위한 공간이 부족해지면 새로운 아이디어와 긍정 에너지가 들어올 틈이 없다. 복잡한 생각을 잠시 멈추고 마음의 공간을 비우는 연습을 해 보자. 오래된 것을 놓아야 새로운 것이 그 자리를 채운다. 새벽에 잠 못 이루는 순간도 바쁜 일상에서 보기 힘든 내면을 깊이 들여다보는 좋은 쉼이 될 수 있다.

자신의 몸과 마음을 돌보고 아끼려는 마음이 없다면 우리는 계속 소

여유를 가져보자. 우리는 일상에 치여 산다. 바쁜 것이 미덕이 되어버렸다. 열심히 산다는 증거로 보인다. 잠시 멈추고 숨을 고르자. 바쁜 것만이 답이 아니다. 많은 것의 성취만이 답이 아니다. 어떻게 걸어가고 있는가? 걸어가는 과정을 어떻게 느끼며, 그 과정 안의 자신을 어떻게 느끼는가? 당신은 어떤 삶을 만들고 있는가?

존 화이트 알렉산더, 한가로운 한 때, 1885

진될 수밖에 없다. 잘 쉰다는 것은 자기 사랑의 한 모습이자 자기 배려다. 충분히 쉬면 몸과 마음이 건강해지고 우리는 더 명료하게 생각하고 더 건강하게 관계를 맺으며 삶의 아름다운 순간을 온전히 누릴 수 있다. "하나님도 세상을 만들고 일곱째 날 쉬셨다." 쉼은 자신을 위한 투자다. 내 삶에 쉼을 챙겨 보자.

현재를 살며 삶을 주도하기.
하루하루 눈앞의 일에 쫓겨 살기 쉽다. 진지하게 스스로에게 묻자. 나는 내 삶을 어떻게 꾸려 나가고 어떤 마음가짐으로 살 것인가. 마지막으로 이 질문을 스스로에게 던진 때가 언제였는지 떠올려 보자. 행복과 바람을 위해 몰두할 준비가 되어 있는지 점검하자.

우리 모두 패턴을 가지고 있다. 생각하는 패턴, 감정을 표현하는 패턴, 움직임의 패턴이 있다. 문손잡이를 잡는 동작, 침대에 눕는 자세와 위치까지 패턴이 생긴다. 삶을 대하는 태도와 어려움에 대처하는 방식에도 당연히 패턴이 있다. 긍정적으로 나를 돕는 패턴이라면 더 키워가자. 나를 지치게 하고 성장을 막는 패턴이라면 과감히 깨자. 장담컨대 처음만 어렵지, 막상 해 보면 생각보다 쉽다. 새로운 시도는 예상하지 못한 성장과 기회를 가져온다.

삶은 예측 불가능한 파도 같다. 그에 반해 위험 부담을 줄이려 모든 변수를 통제하려는 이들도 많다. 수많은 변수를 고려하고 애쓰면 위험을 줄일 수는 있다. 그러나 위험과 함께 예측 불가능한 행운도 줄어든다. 더 억울한 점은 노력 10을 쏟아도 효과는 1~2에 그치기 쉽다는 사실이다. 위험에 대한 걱정과 반추가 만성적 불안을 덧붙인다. 모든 것을 완벽하게 통제하려는 함정에서 벗어나 삶의 흐름에 몸을 맡겨 보자. 전체 그림에 대한 지나친 고집을 내려놓고 매 순간의 과정을 즐기자.

현대 사회는 끊임없이 성취를 요구한다. 우리는 성과의 압박에 쫓겨 삶의 즐거움을 빼앗기기 쉽다. 결과만 좇기보다 과정의 즐거움에 집중해 보자. 실수해도 괜찮다. 계획은 수정하라고 있는 것이다. 수정하지 않는 계획은 급변하는 세상의 변화를 담지 못한다. 완벽하지 않아도 된다. 웃음과 여유를 가질 때 삶은 비로소 더 풍요로워진다.

한 사람 한 사람의 삶의 중심은 자신이어야 한다. 자신이 중심이 되어 세상을 바라볼 때 비로소 진정한 여유가 생기고 주위의 시선이나 상황에 끌려다니지 않는다. 감정에 매몰되지 않고 매 순간 자신의 삶을 주도하자. 불안이라는 감정을 스스로 만들었다면 없앨 수도 있다.

과거의 후회에 묶이거나 미래의 불안에 잡히지 말고 오직 현재를 살아가자. 세상은 위험을 막기 위해 싸워야 할 대상이 아니라 함께 살아가는 공간이며 우리에게 줄 수 있는 많은 기회를 품고 있다. 나 또한 세상에 속한 한 사람이다. 우리는 모두 세상이라는 큰 그림의 한 조각이며 한 사람 한 사람이 충분하다.

예민한 사람의 컨디션 배려하기

컨디션과 체력의 유지는 마음을 돕기 위한 힘을 유지하는 것과 다르지 않다. 자신에게 무엇이 소모적이고, 무엇이 괜찮은지 미리 알아둘 필요가 있다. 그때그때 자신의 컨디션을 점검하고 배려하는 것이 중요하다.

MBTI의 첫 번째 항목은 내향성(I)과 외향성(E)이다. I 유형은 혼자 있는 것으로 에너지를 얻고, E 유형은 타인과 어울릴 때 에너지를 얻는다. 이와 유사하게 타인과 있을 때 특히 에너지가 소모되는 사람들이 있다. 사람들과의 만남이 즐거우면서도 힘들기도 하다.

타인의 평가에 지나치게 신경을 쓰고 눈치를 보는 경우가 있고, 타인을 과도하게 배려하고 챙기느라 스스로 소진되는 경우도 있다. 때로는 단지 함께 있는 것만으로도 지치는 사람도 있다. 이런 사람들은 대체로 사람이 많은 장소를 좋아하지 않는다.

타인의 평가에 지나치게 신경 쓰는 경우라면 자기 자신을 돕는 연습이 필요하다. 타인을 지나치게 배려하는 경우라면 나를 위해 덜 배려할 줄 알아야 한다. 어느 쪽이든 자기 배려는 반드시 필요하다. 나를 돌보기 위해 사람과의 만남을 줄일 수 있고, 꼭 참석해야 하는 자리라면 에너지 소모를 감안하여 준비할 수 있다.

과도한 공감

L 씨는 우울로 병원을 찾았다. 뭘 해도 재미가 없고 지쳤다. 아무리 자도 피곤하고 집안일은 쌓여만 갔다. 해야 할 일도 많지만 취

미마저 귀찮아졌다. 이런 자신이 게을러진 것 같아 싫었다.

L 씨는 평소 사람들과 잘 지내며 배려심도 많다. 사람을 만나면 상대의 기분과 필요에 신경을 쓴다. 상대가 기운이 없으면 분위기를 띄워주고 적절한 화제를 꺼낸다. 그래서 L 씨에게 고민 상담을 하는 사람도 많다. 고민을 들어주고 조언하면서, 상대의 속상한 이야기를 들으면 자신도 함께 속상해하고 때로는 같이 울기도 한다. 직장에서도 상사의 필요나 불편을 빠르게 알아채 잘 맞춰주고 동료와도 원만한 관계를 유지한다.

정작 L 씨는 다른 사람이 자기 기분을 맞춰주는 일에 익숙지 않고, 속마음을 터놓지 않는다. 누구에게 기대는 일도 적다. '내가 잘하면 되지, 괜히 우는소리를 하는 것 같아서', '약해 빠진 소리 같아서', '내가 우울을 얘기하면 상대가 힘들까 봐' 마음을 나누지 않았다.

진료를 통해 L 씨가 자기 자신의 기분이나 컨디션 체크에 매우 서툴다는 사실을 알아냈다. 타인의 기분과 필요는 정확히 알아채면서, 정작 자신에 대해서는 주의 깊게 살핀 적이 없었다. 타인의 감정에 과도하게 공감하며 마치 자기 일처럼 느꼈다. 타인의 필요를 챙기는 것은 상대에게는 선물일지 몰라도 L 씨에게는 무거운 짐일 수 있었다. 남의 감정과 필요를 자신의 내면에 담아놓고 살아온 것이다. 이는 이타적이고 고마운 마음이지만, 자신에 대한 배려가 전혀 없었다. 자신이 감당할 수 있는 정도를 전혀 살피지 않았고, 이로 인해 점점 버거워했다.

결국 타인을 배려하고 돕느라 지쳐 우울해진 것이다.

  개인의 삶의 가치관은 각자 다르겠지만, 내 생각은 이렇다. 타인을 돕고 배려하는 일은 분명 멋진 일이다. 그러나 반드시 자신을 배려하면서 해야 한다. 타인을 배려하느라 자신을 소진해 무기력과 우울에 빠지는 것이 과연 옳은 걸까? 내 마음은 괜찮은지, 지치지는 않았는지 살펴야 한다. 타인과 공존하려면 나 자신을 반드시 먼저 배려해야 한다.

타인 돕기

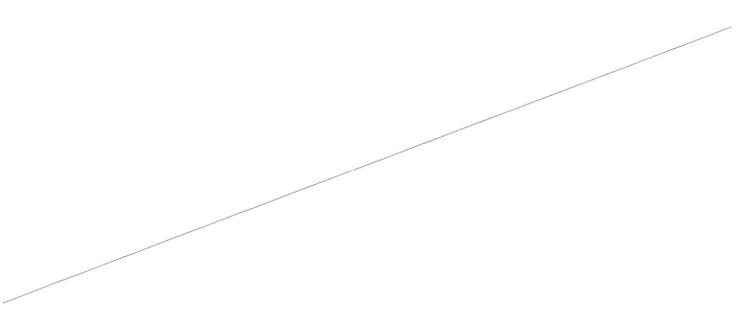

 반복해서 강조한다. 한 사람의 내면에 변화를 일으킬 수 있는 사람은 오직 자기 자신뿐이다. 누군가에게 중요한 경험을 마련해 변화의 계기를 제공할 수는 있어도 직접 변화를 만들어 줄 수는 없다. 변화했다면, 그 사람이 받아들였기 때문이다. 치료도 마찬가지다. 진료나 상담을 위해 찾아오는 사람은 변화하고자 하는 의지를 이미 갖고 있기 때문에 주치의나 상담사가 도움을 줄 수 있는 것이다. 그들은 변화를 돕는 사람이지, 변화를 시키는 사람이 아니다. 약 또한 본인이 받아들이기에 먹고 도움을 얻는다.
 변화를 이끌어내려는 주변의 노력이 당사자에게 압박으로 느껴져 오히려 역효과를 낼 때도 있다. 아무리 옳고 필요한 도움이라도 받아

들일 마음이 있어야만 진정한 힘을 발휘한다. 스스로 찾아와도 변화가 쉽지 않은데, 가족의 손에 이끌려오는 경우는 더욱 힘들다. 본인이 스스로 필요를 느껴야 진정한 변화가 가능해진다.

소중한 누군가를 돕고 싶다면, 먼저 그 사람을 존중해 주자. 도우려는 사람이 이미 정답을 정해두고, 상대에게 선택의 여지를 주지 않는 경우가 많다. 특히 부모와 자녀 관계에서 자주 나타난다. 부모가 자녀를 너무 사랑해서 위험 가능성을 없애려고 자녀 대신 판단하고 옳다고 생각하는 길을 대신 선택해 준다. 그러다 보면 자녀는 시행착오를 겪고 실수에 대한 책임을 질 기회를 잃는다. 조언을 했다면 따르거나 따르지 않는 것은 온전히 당사자의 몫이다. 그로 인해 생기는 결과도 당사자의 몫이다. 이런 경험들이 쌓이면서 진정한 성장이 이루어진다. 성장할 때까지 때로는 시행착오를 따뜻하게 바라보고 기다려 주자. 그러다 도움을 받아들일 준비가 되었을 때 적절한 도움을 주면 좋겠다.

경계선 지켜주기

앞서 말했듯이 사람과 사람 사이에는 건강한 경계선이 필요하다. 부모와 자녀, 배우자, 친구, 지인 모두 마찬가지다. 상대의 경계선을 지켜주는 것만으로도 큰 도움이 될 수 있다. 우리는 알게 모르게 경계선을 자주 넘는다. 애정이 많을수록 더 많은 관심을 가지게 된다. 내가 생각하는 옳은 길을 상대가 갔으면 좋겠고, 실수를 하지 않았으면 좋겠고, 나와 평생 살 사람이니 내 마음을 잘 알아줬으면 좋겠고, 내가 원하는 위로를 해줬으면 좋겠다. 실망하지 않고 계속 사랑할 수 있도록 잘 살아줬으면 하는 바람에서다. 배우자, 부모, 자녀, 친구는 너무나 당연히 곁에 있다고 생각하기 때문에 쉽사리 선을 넘어버린다.

내가 경계선을 넘을 때 상대는 선택권과 자율성을 잃는다. 상대의 마음엔 짐이 생기고 책임감이 더해진다. 그 짐만 줄여주어도 상대는 훨씬 가벼워질 수 있다. 또, 타인이 넘겨준 마음의 짐과 책임감을 기꺼이 짊어지는 사람들은 상대가 소중하고 사랑스럽기 때문이다. 자신의 선택보다는 상대의 바람을 먼저 받아들인다. 나 또한 경계선을 넘고 나서야 깨닫는 경우가 많다. 우리 함께 아끼는 누군가의 짐을 덜어주면 어떨까.

경계선을 넘는 문제 가운데 하나가 '희생'이다. 특히 가까운 관계에서 '희생'이라는 개념이 등장할 때가 있다. 개인의 모든 행동은 자신의 선택이다. 누군가를 위해 내 시간·노력·물질을 내어 주는 희생 또한 자신의 선택이다. 조건 없이 주는 아름다운 선물이다. 그러나 "내가 희생했으니 이 정도는 받아야지. 빚졌잖아?"라는 생각이나 분위기가 형성되기도 한다. 이런 기대는 부담을 만들고, 감사와 아름다운 상호작용을 의무감이나 죄책감으로 변질시킨다.

진정한 희생은 온전히 자신의 선택이어야 한다. 감사의 표현 또한 상대의 선택이어야 한다. 희생은 관계를 풍요롭게 하는 아름다운 행위지만, 서로에게 빚을 지게 하는 행동이어서는 안 된다. 자유로운 선택과 자발적 감사가 있을 때, 희생은 관계를 더욱 건강하고 소중하며 아름답게 만든다.

세상으로써 타인

나는 누군가에게 타인이자 세상이다. 다른 사람들 또한 누군가에게, 그리고 나에게 타인이며 세상이다. 내가 바라는 세상이 있다면, 세상이 내가 원하는 모습이 아니라고 느껴진다면, 내가 먼저 좋은 타인이자 좋은 세상이 되어주면 어떨까?

재산을 몽땅 기부하라는 뜻이 아니다. 작은 말 한마디, 작은 행동 하나만으로도 누군가에겐 선물이 된다. 하루 내내 일이 잘 풀리지 않고 세상이 내 편이 아닌 듯 느껴질 때, 무심코 탄 택시 기사님의 "힘내세요."라는 말 한마디가 내게는 세상의 따뜻함을 느끼게 하는 힘이 될 수 있다.

좋은 타인과 세상을 경험해 보지 못한 사람들은 방어적일 수 있다. 그러나 작은 따뜻함이 쌓이다 보면 언젠가는 "세상이 괜찮을 수도 있겠다."는 생각이 싹틀 것이다. 나 또한 누군가에게 그런 타인이자 그런 세상이 될 수 있다. 한 사람 한 사람, 조금씩 더 나눌수록 언젠가 내가 나눈 것들이 다시 내게 돌아올 것이다.

기억할 것:
내가 감당할 수 있는 범위를 고려하자.

누군가를 돕기 위해서는 반드시 자신을 지킬 줄 알아야 한다. 앞서 말한 경계선은 다른 사람을 돕는 사람도 자기 자신을 위해 지켜야 한다. 내가 힘들다면 누군가를 돕는 것도 어렵다. 타인을 위한 노력과 희생을 하더라도 나를 배려하는 것을 잊지 말아야 한다.

도와주는 상대가 나르시시스트일 수도 있다. 자신이 착취당하고 있다는 것을 알면서도 기대를 가지고 계속 돕는 경우도 많다. 하지 말라는 뜻이 아니다. 상대가 쉽게 바뀌지 않을 것임을 충분히 인지하고 있는가, 상대가 변화하는 긴 시간 동안 내가 감당할 수 있을 것인가를 잊지 말기 바란다.

상대가 힘든 상황이라 이해하고 돕고 싶은 마음이 들기도 한다. 사랑하는 부모님, 배우자, 자녀, 친구가 좋은 사람임에도 상황이나 성향 때문에 힘들어하는 경우가 있다. 그래서 나의 어려움은 상대에게 알리고 싶지 않다. 그 사람이 더 힘들어질까봐 걱정이 되기 때문이다. 소중한 배려. 하지만 내 입장도 꼭 돌아봐야 한다는 것을 당부하고 싶다.

> C 군은 부모님이 자신을 매우 사랑하는 것을 알고 있었다. 하지만 부모님 사이는 좋지 않았다. 누구의 잘못이라기보다는 서로 성격이 맞지 않았고, 경제적인 어려움으로 마음의 여유도 없었다. C 군은 부모님 모두를 이해했고 어느 누구의 마음도 다치게 하고

싶지 않았다. 부모님의 이혼이 필요하다는 것도 알았다. 그래서 자주 말씀드리곤 했다. 이혼하셔도 괜찮다고.

C군은 정작 아들로서 자신이 괜찮은지, 무엇을 원하는지 자기 자신에게 한 번도 물어본 적이 없었다. 부모님께 이혼하지 말라고 말해야 한다는 게 아니다. 이혼하든 하지 않든, 그것은 부모님의 선택이다. 다만 아들로서 자신의 마음이 어떠한지 자기 자신을 존중해주는 것이 필요하지 않았을까.

4장

정리하기

가난한 가정에서 자란 브렌데킬데는 농촌 생활과 노동 계층을 주로 그렸다. 덤덤하게 담아낸 일상에 소소한 아름다움이 느껴진다. 덴마크의 소소한 행복. 같은 그런 그림을 그렸다. 비눗방울에 행복해하는 아이들처럼, 우리들도 일상 안에 있는 행복을 느끼며 살아갈 수 있기를 바란다.

한스 안데르센 브렌데킬데, 비누방울, 1906

해결 가능한 사건이 있고, 해결이 어려운 사건이 있다. 누군가 도울 수 있는 일이 있고, 도울 수 없는 일도 있다. 내 진료실에서, 그리고 이 책을 통해서도, 나는 그 누구의 문제도 완전히 없애줄 수는 없다. 다만 있는 그대로의 사실을 바라보도록 도울 뿐이다. 이 사실을 보는 것만으로도 사람들은 가벼워지고, 자기 자신을 찾아간다. 나는 이러한 경험을 계속해 오고 있다.

모든 사람은 각자의 상황에서 자신을 위한 최선의 선택을 한다. 만약 힘든 마음으로 살아가고 있다면, 그것은 어쩌면 자신에게 최고의 선택이 아니었을 수도 있다. 어쩌면 더 나은 다른 선택이 있었을지도 모른다. 우울증으로 인해 무기력하게 누워있는 사람, 부모와의 갈등으로 방황하는 아이, 어린 시절의 상처로 우울에 젖어 있는 사람. 모두 자기만의 방식으로 자신을 돕고 있다. 큰 갈등을 겪고 있다면 각자가 각자의 방법으로 최선을 다하고 있는 것이다. 그것이 최고의 선택이 아닐 뿐, 각자는 모두 노력하고 있다. 자신이 노력하고 있다는 사실을 잊지 말고 꼭 기억해 주기 바란다.

우리가 원하는 삶은 힘겨운 마음으로 간신히 버티는 삶이 아니다. 행복한 삶이다. 오랫동안 힘들었던 사람들은 행복이라는 단어가 자신과는 무관한 욕심으로 느껴지기도 한다. 나는 지금보다 나아질 방법이 없는 사람, 행복이 불가능한 사람을 단 한 명도 본 적이 없다. 우리에게는 단 한 번의 삶이 주어져 있고, 그것은 나 자신의 삶이다. 욕심처럼 느껴지더라도 내가 원하는 것이 무엇인지 잠시 멈추어 바라볼 수 있으면 좋겠다. 내가 믿고 있는 내 능력이 정말로 지금의 그 정도일까? "누구든 대통령이 될 수 있다."와 같은 허황된 이야기를 하는 것이 아니다. 눈앞에 놓인 상황에서 "나는 못 해."라고 낙담하고 있다면, 정말 그것이 사실인지 다시 생각해 보면 좋겠다.

진정으로 나를 도울 수 있는 사람은 나 자신이다. 내가 해줄 수 있는 일은 사실을 바라볼 수 있도록 돕는 것이다. 나는 사람들이 스스로 이야기를 꺼내고, 사실을 바라보도록 방향을 잡는 대화를 이끌어 나가려고 노력한다. 나와의 대화에서 스스로를 볼 수 있게 하는 것이 내가 하는 일이다. 모든 사람에게는 각자의 행동 패턴이 있다. 나를 돕는 패턴이 있고, 나를 힘들게 하는 패턴도 있다. 마음속 생각이 아니라 객관적인 사실을 바라본다면, 우리는 자신의 패턴을 발견하고 스스로를 도울 수 있다.

나도 진료실에서 마주하는 사람들의 사실과 패턴을 보려고 노력한다. 그래야 내가 방향을 제시할 수 있기 때문이다. 당신 역시 스스로를 위해 그렇게 하기를 바란다. 이 책은 타인을 바꿔서 행복을 찾으라는 이야기를 하는 책이 아니다. 내가 타인을 도울 수는 있지만, 결국 도움을 받아들이고 변화를 만들어 내는 사람은 바로 타인 자신이다.

나는 진료실에서 멋진 환자들을 많이 만난다. 내가 한 일이라고는 사실을 바라보게 도왔을 뿐인데, 내가 상상조차 하지 못했던 변화를 이뤄내고 삶을 다채롭고 아름답게 만들어오는 이들이 많다. 그들의 변화를 보는 순간마다 깊이 감동하고, 마치 선물을 받는 기분이다. 이 글을 읽는 당신도 스스로 사실을 깨닫고 마음이 가벼워져 삶을 더 행복하고 아름답게 만들어가기를 진심으로 바란다. 상황은 그대로인데 마음이 달라지고, 마음이 달라지니 주변 사람들도 자연스럽게 함께 변화하기도 한다.

나에게 선물을 준 사람들, 그리고 이 글을 통해 변화할 사람들에게 부끄럽지 않도록 나 역시 끊임없이 노력할 것이다.

이 질문으로 시작해 보면 어떨까?

"지금 내 기분은 어떻지?"

자신을 모르는 당신에게

초판 1쇄 발행 2025년 9월 30일

저자 김혜지
발행인 김영근
편집 마음 연결
디자인 마음 연결
펴낸곳 마음 연결
주소 경기도 수원시 팔달구 인계로 120 스마트타워 604호
이메일 nousandmind@gmail.com
ISBN 9791193471890
값 18000